决策陷阱
EXPENSIVE SENTENCES

JACK QUARLES

〔美〕杰克·夸尔斯——著　潘文君——译

民主与建设出版社
·北京·

引 言

借口：传统智慧的陷阱

一个人也许可以满面笑容，骨子里却是杀人的奸贼。

——《哈姆雷特》，第一幕

丽莎你听着，她这个人就像个口蜜腹剑的奶球，外表甜美，内心恶毒。

——巴特·辛普森

这是个陷阱！

——阿克巴上将，《星球大战6：绝地归来》

在剧本的情节设置方面，有一种经典的套路就是设置陷阱，或者叫圈套：咱们的主人公会被引诱到一个乍看不错、实则很危险的情境中。尽管有周密的计划，但他们却发现这计划实则建立在错误信息或虚假前提上。遗憾的是，这种事情并不仅只在小说里才有。当每个人沿着希望大道疾驰时，往往会发现结果完全不是自己想要的，这种痛苦大家应该都懂。说服力十足、看上去很棒的决定，最终却让我们徒然浪费了时间、金钱、机会。

大多数人在生活中都不会遇到电影和书本里的恶棍，但还是会遭遇一个敌人。它更加狡猾，不露声色且同样危险。就像巴特·辛普森所说的奶球一样，它外表甜美，内心恶毒。它就是虽然听上去很有道理，但会让你付出巨大代价的说辞。

引力：为什么决策总偏离目标

在过去的 20 年里，我指导团队做了上百个关于金钱和时间的决定：买什么东西，任用什么人，或如何分配资源。我的角色通常是一名采购专家或费用管理专家，不过，当我作为高管、讲师、顾问和董事会成员时，我也曾多次主导这方面的工作。与我合作过的机构有市值几十亿美元的公司，有初创企业，也有国际性非营利组织。

高层团队都有着同样的目标：让投入的资源获取最大的价值。大部分情况下，开始时的决策过程都差不多，都有目标陈述、信息收集以及与成本收益相关的数据分析。然而，更常见的情况是，团队会在某个时间点偏离这一过程，决策者没有继续进行严谨的分析，而是被一个特定的想法吸引，就像地心引力一样。并不是每次都是同一个特定的想法，但其影响却是类似的，它都会让其他方面的考虑因素黯然失色。

这个想法出现的标志通常是简短的、经常还蕴含一点儿哲理的句子：

- "他们是这个行业里最棒的。"
- "现在再改变方向去尝试新东西，有点太迟了。"
- "我们不一样——那种方法不适合我们。"

有时候，它会是一句普世格言：

- "一分钱一分货。"
- "河中勿换马。"
- "顾客永远是对的。"

这种传统智慧听上去"棒棒的",像真理一样。它们如此不言而喻,让人难以反驳。因此没必要进一步讨论了,最终决定就这么敲定了。众人点点头,握握手,心满意足地离开了。

思维定式:一句浪费数百万美元的说辞

第一次意识到昂贵的说辞时,我正在一家美国金融服务公司担任采购总监一职。我的团队发现,公司每年会在一家供应商那儿花将近100万美元。我不清楚他们是干什么的,因此我询问了负责这笔费用支出的人力资源总监。

"那是咱们的背景调查公司,"她说,"他们很厉害的,所以你就别想着在这方面省钱了。"

"为什么呢?"我问道。

"他们8年都没有给我们涨过价。"

好吧!这听上去确实不错,但当时我对背景调查一无所知,因此我又去找了人力资源副总裁,问他关于这家供应商的情况。

他说:"哦!没错,我们爱死他们了,你知不知道为什么?他们8年都没有给我们涨过价!"

这同样的说辞激起了我的兴趣。我并不清楚背景调查是什么，以及在它身上应该花多少钱。和副总裁聊过后，我们决定询一次价，也就是再走一遍采购流程。我们会问问其他提供类似服务的公司，对比一下，看看我们的供应商的性价比是不是真的很高。

我给现有供应商的客户经理打了个电话，介绍了一下自己，并知会他，我们想调研一下其他供应商。

"我不明白你们为什么想去找别的供应商。"从语气中能听出他很困惑。（当然了，销售经理接到采购部门的电话并不总是那么兴奋的。）

"咱们两家的交情那么好，而且你知道吗？我们8年都没有给你们涨过价！"

我承认，那一刻真的有种咱们占了多大便宜的感觉，但实际上我的第六感还是觉得哪里不对。这句"昂贵的说辞"在我耳边蜿蜒迂回，但并没成功让我中计。

我们继续进行了比价流程：了解市场，确定其他潜在的供应商，发出正式的报价申请函。随着了解的深入，我们开始明白，8年不变的价格并没有听上去那么好。

最终，我们找到了一个质量更好的方案，价格不到之前的一半。我们每年只需支付不超过50万美元，而非100

万。这是一个采购人员喜闻乐见的故事。我们像白马骑士一样,为客户找到了更好的产品,省下了六七位数的开支。

然而,如果花几分钟回顾一下这个故事,你就会看到它可怕的一面:公司在过去几年里多花了好几百万美元。我们的供应商——哪怕不是存心欺骗我们,至少在质量和价格上也是逊于市场的。为什么会这样呢?原因就是,人们通常会认为,价格没有上涨意味着这笔买卖很划算,但事实证明这种看法具有高度误导性。"他们8年来都没有给我们涨过价"这其实是一句极为昂贵的说辞。

认知锁死:侵蚀选择空间的三类迷思

这是一场充满阴谋的博弈。关于人生和生意,我们从前人那里继承了数不清的格言、传统智慧和忠告。这些措辞常被引用且被普遍认可,而且有时候它们确实是对的。然而,在错误的场景中,它们的破坏性也能变得巨大。

半真半假的谎言是最坏的谎言。

——阿尔弗雷德·丁尼生

用一句谚语来质疑别人，这看起来不太行得通，而警告他人"所有概括性的论述都是错误的"也同样如此（包括本句话在内）。问题的关键在于，简单的建议并非那么简单，事实上可能相当不可靠。一句警句有时候可能恰如其分，在别的时候反而具有欺骗性和误导性。因此，我们的第一个挑战就是鉴别出这些语句"是敌是友"。

昂贵的说辞隐含的三类信息

我们可以根据这句话产生的影响来进行判断。昂贵的说辞会缩减信息，终结讨论，造成紧急和孤立的假象，缩小选择范围，让人无从选择。尽管昂贵的说辞会在各种语境中以多变的形式出现，但它们所传达的信息可以概括为三个词：

· 困顿不前。

· 与众不同。

· 稀缺罕有。

昂贵的说辞总是试图让我们相信，当前困顿不前，有一个人与众不同，或有种东西稀缺罕有。我们将探讨这些情况的全部含义以及代价，并提出关于这些情况的一些最为常见的说辞。

昂贵的说辞是思维方式出现缺陷的征兆，虽然理解这一点很重要，但我们不能就此打住，因为这些征兆并不能简单地揭示"病因"所在；它们还会加重"病情"。重复和相信昂贵的说辞会使事情变得更糟，这就是语言的力量。

好在，对于"稀缺罕有/与众不同/困顿不前"的思维方式，可以通过治疗来改变。当揭露并纠正一句昂贵的说辞时，我们就抓住了问题的核心。语言反映着每个人的信仰。同样地，提升自己的语言能力，我们就能改变自己的信仰。

这是我们绝佳的机会——也是本书的目的所在。我们可以抵制"稀缺罕有"，拒绝"与众不同"，并从"困顿不前"中逃离，这些迷思正是昂贵的说辞的具体表现。我们可以学习辨别这些伪装的谎言，并用一些方法来揭露和修正它们。在学习一些基本知识后，你会发现很多实践这项技能的机会，正如我在首次遇到昂贵的说辞后所发现的一样。

昂贵的说辞无处不在

当我跟老板说起昂贵的说辞时，他笑了出来。"我觉得我在这儿也听到过几次这句话。"他说道。

他说得没错。实际上，在我们定义出"昂贵的说辞"后，它们开始出现在我们经手的几乎所有项目上。

"那个销售人员告诉我这个价格的产品只剩这一个了。"

（稀缺罕有）

"这就是我们想请的公司。他们是最好的。"（与众不同）

"我们下周就得开始实施。"（困顿不前）

这些强调后果严重的说辞在公司里屡见不鲜。于是，我开始从全新的角度看待自己的工作。我在所有项目中所面临的最大挑战，很可能就是发现并杜绝这些昂贵的说辞。如果不剖析这些说辞背后的理念，它们就会压倒所有分析，带偏最后的决定。

这一认识彻底颠覆了我的职业领域。我曾自诩为一个相当杰出的年轻分析师。我做的电子数据表赏心悦目，做的成本模型无可挑剔，做的演示文稿在逻辑上无可辩驳，在视觉上惊艳全场。然而，所有这些手段用几句"智慧"箴言便可轻易推翻，而这些"智慧"箴言可能会被误用，造成严重误导。就像在氪石旁的超人一样，我的"超能力"在昂贵的说辞面前也会消失殆尽。

我决定探索与昂贵的说辞做斗争的新技能，并在我工作的那家大公司取得了一些成效。后来，我开始为小型企业提供咨询服务。就在那时，我更加清楚地认识到了揭露和推翻昂贵的说辞的必要性。

训练：突破偏见和假象其实很简单

我的一个客户是一家拥有40名员工的建筑公司。在审查该公司的开支时，我注意到保险费用比预期的要高。我去询问该公司的首席执行官，他说："我认为这块没问题。保险代理人是我们的好朋友，他和我们已经合作20年了，我信任他。"然后，还没等我开口，他就说道："等等，我刚才是不是说了一句你所说的昂贵的说辞？"

我回答他说我不确定，他刚才可能一下子说了三四句昂贵说辞。我们决定找出答案。我们考察了市场，并与许多代理人和运营商进行了交谈。我们发现，该公司比通行费率高出了40%。我们做出了改变，开始给公司省钱了。

当然，任何能够真正节约成本的项目都是有益的。不过，这家建筑公司的故事还没说完。其所在地区处于市场低迷期，这使得该公司的经营遭受了重创。就在前一年，为了减少工资开支，公司还不得不解雇了几名员工，显而易见，一分一厘对公司都相当重要。事实上，在保险费上省下的40%，完全足够我们用来支付两名全职员工的工资。那位被全心信赖的保险经纪人并非蓄意欺骗，他也许只是疏忽大意了。然而，无论如何，规避这句昂贵的说辞让两个人保住了工作。

有没有可能，昂贵的说辞也在影响你所关心的人和组织？我深信昂贵的说辞正悄无声息地破坏着企业、非营利组织、学校、家庭、团队、政府以及个人。只要有决策在进行，有人在活动，昂贵的说辞就会产生威胁。

如果你想更好地做出决策，这本书就能帮助到你。由于许多决策的根本都是对金钱、时间以及其他资源的管理利用，因此，我们将对影响思考的关键因素进行分析：

· 总成本。

· 时间成本（及价值）。

· 机会成本（及价值）。

· 风险成本。

尽管这些成本几乎构成了所有决定的基础，但它们常常被忽视或误解。我们将探究一些方法策略，让大家对成本和收益有一个清晰的认识。

不过，我们要讨论的不只是经济学。昂贵的说辞的成本实际上高得多，奥利弗·温德尔·霍姆斯（Oliver Wendell Holmes）有句话说得很好：

美国最大的悲剧不在于对自然资源的破坏（尽管这已经是个大悲剧了）。真正巨大的悲剧是，由于我们未能充分利用自己的能力而造成的人才资源的破坏，这意味着大多数人都带着一身未发掘的天赋走进坟墓。

很多说辞会限制潜力的发展，其所带来的破坏程度是难以量化的。昂贵的说辞的成本不是一张损益表就能体现的，它影响着生活的方方面面。

令人惊讶的是，一旦运用恰当的方法，你就会发现，冲破偏见和假象，脚踏实地地做出更好的决策是多么简单。

目 录

迷思一 困顿不前

说辞1 "现在回头,为时已晚"

改变意识:别拿"未来"陪葬"过去" / 006
证实偏差:人只愿意看见自己愿意看见的东西 / 013
认知划界:坚持是主动的,固执是抗拒的 / 016
成本分析:基于数据进行深度评估 / 021
实践:明智应对"现在回头,为时已晚"的说辞 / 030

说辞2 "我们忙得不可开交,现在没空处理那件事"

挤占:忙碌会拖累思维的效率 / 040
杠杆:跳出"忙碌陷阱"的四种方法 / 054
心态:人们对于忙碌会上瘾 / 059
实践:明智应对"我们忙得不可开交……"的说辞 / 063

说辞3 "我们昨天就需要这个了"

即时满足:紧迫性是被市场训练出来的 / 071
环境:人们在被动地适应速度世界 / 073
代价:紧迫性使得决策力下降 / 074
摆脱:避免被紧迫性逼入"死角" / 078
根源:紧迫性的本质就是恐惧 / 086
实践:明智应对"我们昨天就需要这个了"的说辞 / 090

迷思二　与众不同

说辞 4　"我们不一样"

差异化：利与弊非常明显的经营方式　/ 103
脱轨："与众不同"的两种极端情况　/ 117
界定现实：将"不同"聚焦于团队外部　/ 124
实践：明智应对"我们不一样"的说辞　/ 125

说辞 5　"我们信任他们"

风险：过度依赖信任是一种隐患　/ 132
重新定义：多维度审视信任关系　/ 135
管理信任：信任是一种重要的资源　/ 140
实践：明智应对"我们信任他们"的说辞　/ 151

说辞 6　"我们一直都是这么做的"

惯性：机械性思维的诸多隐患　/ 157
追问：不断确定做某事的初始目标　/ 162
实践：明智应对"我们一直都是这么做的"的说辞　/ 170

迷思三　稀缺罕有

说辞 7　"我们不能让他走"

套牢：错误认知"稀缺"的巨大危害　/ 188
幻象："稀缺"往往只是一种感受　/ 198
溢价：用合理的理由替换稀缺性　/ 203

调整：其他选择总是存在的 / 207
实践：明智应对"我们不能让他走"的说辞 / 211

说辞 8 "客户永远是对的"

过度响应：讨好所有客户本就是陷阱 / 220
误导：客户并不是合格的领路人 / 223
认知缺口：客户经常犯错的三方面原因 / 226
抉择：你可以挑选自己满意的客户 / 231
误区：引发过度响应的错误理念 / 233
实践：明智应对"客户永远是对的"的明智说辞 / 236

说辞 9 "我们也许可以自己来干"

悖论：想省钱反而多花了钱 / 243
外包：专业化时代的合理选择 / 249
计算：到底自己干还是出去买 / 254
战略：基于底层逻辑思考业务选择 / 260
实践：明智应对"我们也许可以自己来干"的方法 / 265

结语 如何巧妙应对各种昂贵的说辞

亲戚：代价高昂的其他借口 / 270
刹车闸：改写昂贵的说辞的三个问题 / 273
关联：站在更高的角度来看 / 277

致谢 / 280

你是否曾感到困顿不前？

昂贵的说辞会以不同的形式破坏我们的思维方式。"稀缺罕有"的迷思对我们说，我们需要或想要的东西数量不多了。"与众不同"的迷思则告诉我们，有些人不必遵守具有普适性的规范。"困顿不前"这一迷思往往是其中最具破坏性的。它会告诉我们，自己做不了某些事情，其他的甚至想都不敢想。它否认可能性的存在。我们失去了商业机会，无法改善人际关系，像笼中困兽一样，注定要陷入不幸境地。

"困顿不前"的迷思只是假想的桎梏。然而，如果我们不认清这些昂贵的说辞的真面目并进行修正，它们就会像真的笼子一样力量强大。即便拥有的自由和选择比自己意识到的更多，我们也会成为"困顿不前"的受害者。

如今，幸运的我们比以往任何一代人都拥有更多的选择，包括职业选择、生活地点、娱乐活动、阅读内容、沟通方式、美食等许多方面，而唯一没有变多的就是时间。

也许这就是为什么时间是"困顿不前"这一常见迷思

中的核心要素。我们将着重分析下面这三句说辞：

"现在回头，为时已晚。"

"我们现在忙得不可开交，没空处理那件事。"

"我们昨天就需要这个了。"

"现在回头，为时已晚。"这句话把坚持和动力与对改变的恐惧混为一谈。它告诉我们，改变路线是不可行的，还暗示说过去的决策将决定我们的未来。

"我们现在忙得不可开交，没空处理那件事。"这句话利用了我们在时间上的紧急和感知上的忙碌，让我们甚至无暇顾及那些可能会改善自己未来的事情。

"我们昨天就需要这个了。"这句话则强调处于紧急情况下的妥协，它加速了决策，排除了所有可能需要花费更多时间的选择。

从主观上说，没有人愿意放弃那些可能改善自身处境的选择。然而，我们的过去、曾经的人际关系与昂贵的说辞一起，共同构筑了决定我们能爬多高的天花板和限制我们行动的壁垒。在本节中，我们将学习如何看待生活和团队中这些虚无的天花板和壁垒，看清它们的真面目。

学习本节内容后，下次感到困顿不前时，你可能会发现，你的选择比想象中的更多。

说辞 1

"现在回头，为时已晚"

"我们在这上面花了太多的时间和金钱,哪能就这么算了。"

"我自己选的路,跪着也要走完。"

"我在这行干了 20 年,现在改行是不可能的了。"

"我们回不了头了。"

蜡烛在帐篷上投着闪烁的阴影,疲惫的将军们互相抱怨着:

"因为逃兵、饥荒和疾病,部队已经减员 1/3。如果这里供给跟不上,继续前进会变成什么样?"

"如果继续往前,咱们超长的侧翼战线和那边可怕的冬天都能为敌人所利用。"

房间里安静了下来,大家都在等待一个人的回答。他是这间屋子里个头最矮的,却是众人都敬畏的一个人。他明确宣布:"我们要继续前进。我们怎能在通往荣耀的路上停下脚步？现在回头，为时已晚！"

这是一次大胆的冒险。俄国对波兰领土的入侵激怒了拿破仑，作为回应，他向俄国宣战：

让我们这样前进吧，越过涅曼河，到俄国的领土上进行战斗。有了法国军队的助阵，波兰的第二次战争将会和第一次一样充满光荣。

这位著名将军的自信有着充分的理由。他的英勇气魄和顽强毅力让他受益匪浅，并为他的国家赢得了胜利。然而，1812年他对俄国的入侵，不仅预示着拿破仑帝国的覆灭，而且还将成为他辉煌的历史上最严重的军事灾难之一。在这次远征的半个世纪后，法国工程师夏尔·米纳尔（Charles Joseph Minard）创作了一幅描绘行军路线、气温和士兵人数的可视化图例（见图1-1）。

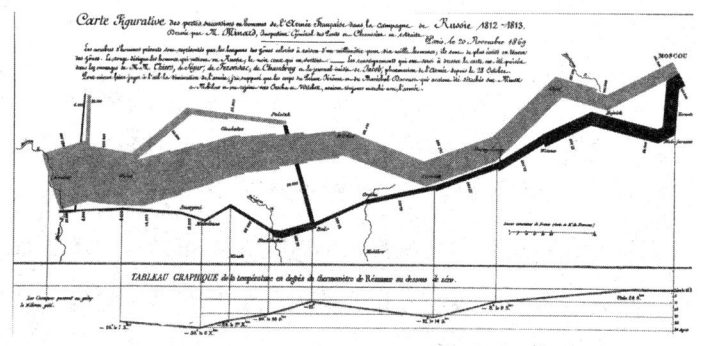

图1-1　拿破仑士兵行军图

图1-1左边的阴影区域面积很大，它代表了40多万法国士兵。上方向右移动的线条表示向莫斯科的远征，其宽度越来越细，反映出法军兵力因疾病、饥饿、战斗伤亡和逃兵而不断损失。根据米纳尔的图表，在前往莫斯科的艰苦跋涉中，法国军队的损失超过30万人，剩余人数不足原有的1/4。回家的路同样冷酷无情，在离开莫斯科的人中只有1/10回到了法国。

行军开始于1812年6月24日，直到9月中旬才到达莫斯科。当军队行至半路（图中间位置上方的线条），他们已经失去了大部分参加这次远征的士兵。然而行军仍在继续，最终又夺去了10万士兵的生命。

改变意识：别拿"未来"陪葬"过去"

值得庆幸的是，我们已经远离了19世纪的战乱，而且我们中的大多数人都无须承担谋划军事行动的重任。然而，我们每天也要面对各种抉择：前进还是停止，旧的还是新的，坚持到底还是改变方向。有时它们是影响深远的战略性决策，但更多时候它们相当稀松平常：

"咱们是不是该找一家新的印刷厂了？"

"我是不是该撕了这份简报，重新写一份？"

"有两个人缺席，我们是不是应该取消这次会议？"

这类主观判断并不清晰明了，这可能是让你执迷"人生忠告宝库"的原因：

"河中勿换马。"

"罗马不是一天建成的。"

"艰难之路，唯勇者行。"

"自己选的路，跪着也要走完。"

最后这句话得带上点口音才够地道："你自个儿选的路，不好好走完，还想咋地？"然而，不管有没有口音，这些心灵鸡汤都充满了说服力。

一条道走到黑的代价

这种传统智慧真能对我们有所助益，还是会有所伤害？这个问题的答案很重要，因为走错路的后果可能会很严重。即便不会以成千上万士兵的生命为代价，所做的选择也会影响到我们的健康、人际关系、财务状况和声名威望。

阻挠改变的声音无处不在，以至于我们很难评估其影响。不过，如果反思自己的生活，我们很可能会发现，有那么几回，自己要是能早点做出改变该多好。我们都认识一些人，他们花了太多的时间从事错误的职业，追求错误的目标，谈错误的恋爱，甚至周围的人都比他们自己更清楚这些事情不会有好结果的。

在工作以及团队中，错路走太远的代价同样屡见不鲜。几乎每个销售团队都有些"黑历史"，非得经过成年累月烧钱，进行无数的折腾，最后才肯承认消费者是不会买这玩意儿的。管理层好像一直喜欢盲目地任用不给力的员工，哪怕结果一直不甚理想，却总是对情况改善抱有幻想。公司在一个项目上一直亏损，但就是不愿叫停这个项目。

我们无须花太多时间去探讨那些为坚持错误路线而付出的明显代价：时间流逝、浪费金钱以及错失良机。简而言之，劣币会驱逐良币。

还有一些成本是隐性的，包括团队效率的丧失，声誉或信誉的损害，以及低落的士气。消极环境或紧张关系所造成的长期压力可能会引发各种各样的健康问题。毫不夸张地说，即使在非战争年代，在错误路线上停留太久，也可能会导致疾病，甚至是死亡。

"一切都太晚了。"这句话就像法官宣判。事实上，根据韦氏词典，"damn"这个词的基本定义和这句话的含义非常接近：

Damn：受到刑罚或遭受厄命；尤其指"使其下地狱"。

尽管"damn"这个词当今的用法已经比较随意，但它的最初含义是一个永恒的诅咒。认为改变某种情况为时已晚，这难道不也是一种诅咒吗？

在错误路线上所花的每个小时都是一去不复返的光阴。对你和你的团队来说，只要有一个更好的决定来修正你的路线，那读这本书所花的时间就很值了。这可以为你省下好几千美元，甚至可能阻止更大的悲剧发生。

其实你可以"河中换马"

"一切都太晚了"在语言中会以各种各样的形式出现。其中一个经典的说法是"河中勿换马"（哪怕咱们进入汽车时代已经一个多世纪了）。这个说法有道理吗？本人并不会骑马，但我猜想，这取决于以下三个因素：

- 马。
- 骑马的人。
- 河流。

如果在我的重压下，马挣扎着穿越湍急的河流，那么至少不应该尝试一下,去换一匹更强壮的马(为了马好,也为了我好)吗?

想要避免由过去的决定和行为所带来的消极后果可能为时已晚。不过,这并不意味着你无法以一种完全不同的方式塑造未来。的确,我们今天做出什么改变可以使得明天变得更好,对于这方面的判断,有时我们会过于悲观。

在商界,过去的行为有时似乎会将一家公司归入特定的市场。在其他情况下,要改变客户的认知或挑战该领域公认的领头羊似乎为时已晚。不过,先看看下述神奇的场景,企业突破了历来的产品格局或市场地位:

在销售设备和硬件半个世纪之后,IBM转向软件和服务为时已晚。毕竟公司的名称就是"国际商用机器"。在《谁说大象不能跳舞》这本名字恰如其分的书中,郭士纳就描述了他们在业务重塑上的成功。

1973年时,在摩托车销售方面,本田想要挑战哈雷戴维森看起来就是天方夜谭。当时哈雷戴维森在美国占有77%的市场份额,但仅仅7年后,哈雷戴维森的市场份额就下降到了31%,远远落后于在市场上处于领导地位的本田。

随着本田的崛起,哈雷戴维森想挽回自己品牌的声誉似乎为时已晚,在20世纪70年代末,由于质量低劣,哈雷戴维森被戏称为"哈雷好难开"或"哈雷逗你玩"。然而,只用了不到20年，它就再次成为质量和忠诚度的标杆。

三星想要在手机领域挑战诺基亚同样为时已晚。然而，在2007年到2012年这短短的5年时间里，诺基亚的市场份额从鼎盛时的50%以上跌至不足4%。与此同时，三星的市场份额攀升至超过30%。

这些事例表明，大型企业其实可以改变路线。在出现转机前，任何分析师或记者都可以不负责任地评论说，这种战略牵强附会、不切实际，甚至是浪费资源。

放弃分拆计划的奈飞

对于百视达（Blockbuster）这个影片租赁实体店巨头来说，将商业模式转变为邮寄音像带是否为时已晚？仔细观察他们的竞争对手奈飞（Netflix），会发现几个关于"一切都太晚了"这一思维模式的例子，有正例也有反例。

奈飞开创并主导了邮寄音像带这一模式，在短短几年时间里使得购物中心里数千家音像带出租店倒闭。随着带宽的增加，奈飞开始提供流媒体视频和DVD邮寄业务。到2011年年中，奈飞流媒体视频的订阅量超过了最初的邮寄业务，其首席执行官里德·黑斯廷斯（Reed Hastings）宣布奈飞将分拆为两家公司。奈飞将只在互联网上提供流媒体视频，DVD邮寄的业务则将转移至一家名为Qwikster的独立公司。黑斯廷斯解释道：

> 大多数擅长某种事物的公司并不擅长人们想要的新事物，因为他们害怕损害他们原有的业务。最终，这些公司会意识到，没有把足够的注意力放在新事物上是个错误，然后就开始在绝望中拼命弥补。

这个解释准确地总结了能够并且愿意改变的重要性。然而，顾客却对这一前瞻性举措不屑一顾。对于不得不购买两项独立的服务、使用两个不同的网站，顾客们感到愤怒。投资者也提出了抗议，由于公司拆分的消息，再加上计划进行的涨价，导致奈飞的股价在几个月内下跌了50%。

奈飞接下来的动作，也许是这个故事中最出人意料的部分：他们更改了计划。在经过数月的筹划准备，还创建了一个新的品牌和公司之后，他们暂时搁置了拆分。奈飞于2011年10月宣布，将流媒体和邮寄这两大支柱业务继续放在同一个品牌和网站上运营。

奈飞团队中必定有一些人一心想要推进公司的拆分计划，毕竟这是一个经过深思熟虑、具有前瞻性的商业战略，况且每一个大胆的举动无论怎样都会招致批评。然而，奈飞还是放弃了拆分，其股价在随后几年中上涨了10倍。看到这一切，我们不得不承认这样的结论：他们改变了计划，做出了正确的选择。

结局可能有所不同吗？与"一切都太晚了"的观念做斗争并最终大获全胜，这样的团队确实令人鼓舞。记着这些华丽转身，我们再来对其他一些知名企业玩一下"假如"的游戏。假如柯达进入数码相机市场，是否为时已晚？假如博得书店（Borders）将业务转移到线上，是否为时已晚？我们不知道答案，但可以肯定的是，在那些倒闭公司的领导层中，一定有人说过"现在改变战略已经太晚了"。

证实偏差：人只愿意看见自己愿意看见的东西

当我们分析"一切都太晚了"这句昂贵的说辞时，首先要理解说出这句话的原因。在错误的道路上，为什么人们会继续前进而不选择改变？更具体地说，是什么导致一个人往错误的方向越走越远，而不是停车问路或看看地图？为什么有人会一直和一个人在一起，哪怕周围所有人都知道他们不合适？足智多谋的将军为什么在已经损失了那么多士兵的情况下，还让10万士兵去送死？

部分原因显而易见：谁都不喜欢犯错。即便是那些谦虚的人，那些热爱学习的人，那些以思想开明而备感自豪的人，也绝对宁愿自己是正确的而不是错误的。**这不仅仅是一种偏好，它更是一种深层的激励因子，在潜意识层面发挥着作用，过滤我们接收的信息，并告诉我们如何解读这些信息。**

假设你需要一辆新车。经过大量的线上调研和几次试驾后，你决定买一辆小型货车，并选择了最佳型号。你和经销商谈好价钱，付了款，开着闪闪发亮的新车回家了。

接下来，几乎没有例外的，你的大脑就会开始下意识地搜寻信息，并进行解读，以佐证刚才的决定。你听说，一个睿智的朋友也买了同一款车。你发现，这辆车和你的车库简直是绝配。你意识到，它和你最爱的外套十分相衬。你发现汽油价格正好下跌了，因此你觉得买一辆大点儿的车很值。

这种潜意识里的确认行为被称为证实偏差，它的身影几乎会出现在我们所做的每一个决定里。这不是一个单纯的巧合或某种形式的一厢情愿；这就是人类大脑的工作原理。心理学家和神经系统科学家已对这一现象进行了大量的研究。证实偏差有助于解释为什么第一印象如此重要且相当持久：当某人遇见我们，对我们是什么样的人做出初步判断后，这个人的大脑往往会去寻找并接受与第一印象有关的信息。

如果只是选一家餐厅就餐或欣赏自己的新车，证实偏差并不会造成什么特别的问题。你的结论可能经不起法律审判，但这又有什么关系呢？与其在无休止的分析中焦躁度日，倒不如好好享受生活。事实上，我们的大脑是出于必要才会走这些捷径的：接收的信息实在太多，大脑一直努力避免重新考虑它已经做出的决定。

然而，当证实偏差损害到我们对重要决策的评估时，它无疑是危险的。当利害关系变得重要时，我们不能让过往的决定歪曲自己对现实的认知。我们必须看到世界的本来面目，而不只是看到我们希望看到的样子。

人们普遍认为，在越南战争和伊拉克战争中，证实偏差导致了许多人丧生。正如拿破仑和他的将军以许多人的性命为代价继续远征一样，无数的军事将领迟迟没有看到更好的选择，因为他们会不自觉地、不合逻辑地为自己做出的决定辩护。

这一原则在医学上同样适用，即病人在错误的治疗方法中耽搁太久而丢了性命。在非性命攸关的事情上，这种错误同样非常普遍。当经理们忽视了与自己的想法相矛盾的信息时，丢掉的就是金钱，甚至是整个公司。

虽然无法根除证实偏差，但我们可以削弱它的影响。与任何偏见一样，如果公开承认证实偏差并对其进行评估，它的危险性就会大大减小。围绕结论，可以评估一下，它是来自客观数据，还是先有了观点再考虑数据，这对于个人和群体层面都会有所助益。观点和数据可能是"先有鸡还是先有蛋"的关系，其中先有谁并不总是非常明确的。

认知划界：坚持是主动的，固执是抗拒的

每一句昂贵的说辞都得联系上下文进行思考。"坚持不懈"这句话所处的语境，可以让人弄清楚这句建议到底是坚持了正确的路线，还是助长了错误的路线。让我们回想一下，这句话在什么时候能发挥正能量。

坚持不懈是一种历史悠久的传统美德，从古典时代（"忍者必胜"——佩西乌斯）到工业时代（"天才就是1%的灵感加上99%的汗水"——爱迪生）的圣贤都非常认可。在当今注意力短暂、厌恶承诺的文化中，坚持不懈的品质貌似严重缺失。拥有这些"老掉牙"的品质，说不定我们都能成为更好的自己。

的确，当懒惰或怀疑从旁干扰时，听到一些鼓励的言辞，进而让自己坚持下去，这将甚有裨益。我们需要时刻警惕自己曾做出的决定，再次确认当初许下承诺时的初心，砥砺前行。

鼓励坚持不懈在这些特定场景下最有帮助：

· 临阵退缩——行动的早期阶段，经过深思熟虑后，开始做事之前，或在有任何机会评估结果之前，顾虑突然增大。

· 头脑发热——当感到疲惫或沮丧时，人们很容易做出情

绪化的决定。然而，在睡一个好觉或从长远角度考虑后，这个决定可能会让我们感到后悔。

・嘴边鸭子——当终点线就在眼前时，我们可能会忽略这样的事实：只要再付出一点点努力，一个有意义的里程碑就唾手可得。

・职责所在——我们所承诺的行为，完全出于道义或法律义务，或没有更合理的选择。

在上述情景中，最佳决定必将是勇往直前，坚持到底。然而，如果眼前情形并非如此时，那么在继续埋头苦干前，你可能要彻底反思一下。

因此，"坚持下去"是很好的建议，但要分情况。坚持是有必要的，但它必须和现实情况有机结合。当坚持不懈变成固执己见，它会让我们在错误的方向上无法自拔。

"现在回头，为时已晚"，这个说法大家应该司空见惯了，且通常被用来自圆其说。在工作中，它的表现形式可能会是这样的：

"毕竟在这个项目中投入了这么多，现在不能停。"
"咱们已经给这个项目投资3年了……不能这么放弃！"
"小王是老员工了。我们不能让他离职。"
"这单生意我已经谈了好几个月，我不会让它落空的。"

这些表述是令人钦佩的坚持不懈，还是赤裸裸的固执己见？抑或是两者兼而有之：令人钦佩的固执己见？我们通常可以通过回答几个问题找到其根源。

问题1：你会集思广益，还是闭目塞听？

有时候，我们应该无视周遭的混乱并完成手中的任务。不过，专注和坚持并不意味着应该变得无知。亨利·沃德·比彻的这句话直接指向了动机：

坚持和固执的区别在于，一个源于坚强的意志，一个出自强烈的抗拒。

如果一个人连考虑一下改变都不愿意，他的立场就更像是固执或恐惧，而不是坚忍不拔了。 对怀疑我们方向的信息产生抗拒是人的本能，但勤奋不能掩饰否认。"努力心无旁骛"和"故意无视现实"是不一样的。

两年前，我领导过一个首席执行官论坛的分会。这个团队的座右铭是一句人们经常重复的话语："现实永远是你的朋友。"这是一个有益的提醒，因为即便是我们遇到的非常成功的领导者，也常常拒绝倾听他们不想听到的东西。然而，如果能停下来仔细想想，我们就会承认，尽管负面反馈让人难以接受，接受的代价也十分高昂，但它是成长和成功的必要条件。与其将相反的信息拒之门外，我们还不如倾听并考虑是否该改弦更张。

问题2：你是着眼未来还是不忘过去？

上述反对变化的意见有一个共同的特点：它们都以历史为参照，以曾经做过或决定过的事情为坚持下去的理由。

昨天的行为不应干扰今天的决定。如果理由来自过去，这可能意味着感性和情绪正在压倒事实和理性。有时候一个简单的问题就能破解这句昂贵的说辞：这个决策是关于对未来什么是最好的，还是关于过去发生了什么？

问题3：哪条路更好走？

我们常常抗拒的，是短期内代价较大的变化，而不去充分考虑这些变化将如何改善此后的情况。假设你走进一家超市，并取了一辆空的购物车。你只需要花很少的力气就能推着它往前跑。相比让车继续前行，快速停车或转向均需要耗费更多的体力。

现在假设你已经逛了半个小时，购物车里装满了罐头、饮料、肉、奶酪和蔬菜。小车直行时仍然不需太大推力，但现在转弯比之前需要花费更大的力气。

这一动量原理也适用于人们的行为活动：在短期内，朝着一个方向前进通常更为容易。在某条路上走得越久，参与其中的人越多，改变就越困难。由于改变路线需要做更多的工作，坚持就能成为懒惰的借口。

当评估可能的路线变化时，你可以问自己一个问题："短期内哪个工作量更大——坚持下去还是做出改变？"答案本身并不是最重要的，因为在一条道路上需要马上付出更多的努力，并不足以使它成为最佳选择。不过，如果需要更多努力来改变的话，阻力或单纯的懒惰就更有可能成为坚持原有路线的理由。

我们需要经常坦率地审视自己，因为惯性力量和传统智慧会告诉我们，现在改变为时已晚。这也许正是我们乐于听到的。就像我们不愿意扔掉某些穿不上的牛仔裤，只是因为它们让我们回想起自己曾经的苗条身材。有时，团队所坚持的计划，是在与现实情况不尽相同的时候制定的——而且更符合我们的喜好。怀旧之情或感情用事往往会让人们坚持错误的决定，而不是去改善它们。

成本分析：基于数据进行深度评估

当意识到自己可以做出改变后，我们就可以放开手脚地查看数据，并对选择进行评估。这种分析需要准确理解两个关键性的经济术语：

- 转换成本。
- 沉没成本。

这两个概念我们都很熟悉，但在实际运用中对它们的理解却常常有偏差。

转换成本

转换成本是指从一种运作方式切换到另一种方式所需的一次性成本。例如，要将有线电视转换为卫星电视，你可能需要买一台卫星接收器并支付安装费用。时间也是一种转换成本。比如，如果换了一位会计师，你可能需要花时间解释自己的财务状况和过往记录。

所有的采购决策中，都需要考虑转换成本，因为任何一种采购都意味着新产品、新供应商、新技术、新流程，甚至涵盖以上全部。在过去的采购工作中，我曾直接观察过好几百人是如何计算转换成本的。在任何情况下，本能似乎都会将我们引向两个极端之一：

· **转换成本被极大地低估了**——也就是说，有些人会以为做出改变是不费力气、便宜快捷的。

· **转换成本被极大地高估了**——有些人觉得进行变革甚为可怕，需要花费并面对无数的成本和风险。

当变革遇到阻力时，转换成本就更有可能被高估。有时，这些成本会在想象中飙升。

几年前，我曾建议一家财富100强企业去评估一下他们的工资管理供应商。我考虑的是，这家企业如果换一家有竞争力的供应商，就能省下几十万美元。我知道会有阻力，这理所当然：如果工资单系统运行良好，做出改变就是在冒巨大风险。（一个糟糕的工资单系统绝对会让许多人心生埋怨。）然而，除风险外，有几个人还用财务数字表示了反对："上次更换工资单系统花了我们100万美元。"

更换系统总是要付出一些成本的，但在我看来，这个数字似乎太高了。我调查发现，好几个人佐证了这个数字量级，但没人能给出具体数字。我最终找到了一位经历过系统更换的IT主管。令我大为惊讶的是，当时他也支持花七位数的钱更换工资单服务商。我问他为什么要花这么多钱。

"这么说吧,我们需要迁移全部的雇员数据,把不同的类别整合到一起,安装考勤卡系统,对所有的人力资源团队进行培训。"

我被弄糊涂了。"就为了换个工资单服务商,还得做那么多事?"

"嗯,大部分是为了更换ERP系统和正逐步淘汰的会计软件,很小一部分是为了更换这个工资单系统。"

"哦,所以说,你们在装工资单系统的同时,还换了ERP系统和会计软件?"

"没错,那一年真是累惨了。"

"这么说来,如果咱们只换工资单服务商……工作量很大吗?"

"那就少多了,小事一桩。"

拿到明细之后,我发现唯一要做的就是搭建两个新接口。考虑到IT同事搭建和全方位测试接口所需的时间,我预计成本不会超过4万美元。

七位数的安装费已经成了公司里的一个传说。团队是人的集合,有人的地方就有不堪回首的往事。如果团队都抱怨,由于存在转换成本而导致"为时太晚",这时绝对应该质疑一下前提条件，并基于实际数据进行讨论：

"当说'为时已晚'时，我想我们说的是截至目前的投资。然而，显然，如果需要，我们是可以改变的，对吧？"

"咱们现在进行变革意味着什么？了解清楚了吗？"

"我同意，'现在更换'听上去简直是晴天霹雳，但我们来说一下这能带来什么好处吧。"

就像所有昂贵的说辞一样，"一切都太晚了"在语义模糊和笼统时效力最强。当引入细节并逐项列支时，成本通常就会不断缩水。一个简单的限定语可以极为有效地指出，成本到底发生在哪一处：

"改产品改得太晚了，推广手册都来不及重印了。"

"我们现在不履行协议的话，预付款就打水漂了。"

"邀请函已经发出去了，所以改日期会很麻烦。"

这些句子比单纯地陈述"一切都太晚了"要好得多，因为它们至少保留了备选项。这扇门可能很难打开，但它没有上锁。

很多事，即使没有更改也会发生很多费用，将它们计入转换成本就会形成一个陷阱。典型的例子就是，一个人声称自己转变职业方向已为时已晚,因为"现在开始学的话,6年后学成时我都50岁了"。反问他的问题最好是:就算你不转变,6年后你又会是多少岁呢?**改变过去为时晚矣,但现在正是确保我们不再深陷其中的最佳时机。**

沉没成本

务实地看待转换成本能够让人理性地看待变化,使决策更能立足于事实。然而,如果你不避开沉没成本的误区,你可能还是无法做出理性的决策。

"沉没成本"是指已被使用且无法追回的资源。用我们都懂的道理来说就是:覆水难收。在经济学上和财务预测中,处理沉没成本的方法都很简单:忽略它们。假设我们需评估明年的建筑物的维护成本,那么两年前投资大型园林绿化项目的成本就无须考虑了。如果我们正计划5月份的食物预算经费,那就不要再计较去年12月的盛大节日派对。它们都是过去的事了。

这些例子听上去很简单,但在实际操作中很容易把过去和未来的成本混为一谈。此外,沉没成本的概念不仅适用于金钱,也适用于时间与精力。

想象这么一个场景:你和老同学开车去参加一个朋友

在酿酒厂举办的婚礼。你并不熟悉该地区,手机没有信号,GPS貌似也用不了。你需要努力记住路人所指的方向。现在已经下了州际公路,像人家说的那样转了两个弯,然后驶向你觉得应该通往酿酒厂的小路。

然而,你的第六感告诉自己,已经开过了头,但你依然继续往前开着。忽然间GPS又重新启动并确定了位置,原来去酿酒厂开10分钟就能到——但是得往反方向开。你很沮丧,把车停一边准备掉头。

这时你的朋友插嘴道:"天哪!我们朝这个方向已经走了有20分钟了;我们继续往前开吧,肯定能找到另一条去酿酒厂的路。"

你停顿了一会儿,然后大笑起来,因为很明显你的朋友在开玩笑。此时此刻,你沿错误的方向所开过的时间是完全不用考虑的。现在只应关心两件事:酿酒厂的位置和你的位置。

开车的例子表明,让沉没成本来影响决策是多么荒谬。你可能难以想象还会有这么不理智的朋友,让你继续往前开。

然而,尽管不合逻辑,沉没成本依然常常在人们的决策中起着主导作用。就像那位不知为什么不愿承认开错方向的朋友一样,我们经常会优先考虑过去的决定和行为,哪怕无法改变它们。

事实就是，人类很不擅长无视沉没成本。经济学家和心理学家已经用大量的研究证明了这一点。举个例子，在1985年的一项研究中，美国俄亥俄大学的哈尔·阿克斯(Hal Arkes)和凯瑟琳·布鲁默(Catherine Blurmer)向61名受试者提出了一个问题。请你像亲自作答一样仔细看题：

假设你花100美元买了一张周末去密歇根滑雪的票。几周后，你又买了一张50美元的威斯康星周末滑雪之旅的票。你认为相比密歇根的滑雪之旅，你会更喜欢威斯康星的。当你把刚买的威斯康星滑雪旅行票放进钱包时，你发现这两个旅行居然在同一个周末！这时想转卖或退票都来不及了，你只可能用上其中一张了。扪心自问，你会去哪个地方滑雪呢？

研究的结果十分耐人寻味：超过一半的受试者（61人中的33人）选择了价格更高的密歇根滑雪之旅，哪怕他们对此预期的享受度要低于50美元的威斯康星滑雪之旅。

如果你属于少数的未来型思维的人，那么首先要恭喜你。然而，回想一下我们每天听到的各种各样涉及"沉没成本"的思维方式：

"我刚花1500美元修了发动机，所以我寻思还是应该留着这辆车。"

"我们花了两个月来筹备那场会议,我可不准备把它取消。"

"邀请函发出去了,亲戚们都买好飞机票了,所以我们不会推迟进行婚礼。"

从不相关性而言,开车开错方向与这些例子没有什么不同。过去的投入不应该影响未来。在工作中也是一样,尽管我们可能会在团队里听到许多昂贵的说辞:

"我们跟这家公关公司已经合作两年了。"

"我们已经在这次广告宣传里花了25万了。"

"这个销售员的业绩还是很差,但他已经来两年了,我不想让他走。"

尽管这些反对意见可能很棘手,但它们还不是最烦人的。更烦人的是你的朋友说起她的男朋友:"是啊,汉克是有一些问题,但我们在一起4年了。我不愿意放弃这段感情。"这本书并不是讨论恋爱问题的,但我提到这些例子是因为很多人都认识这类人,他们和不合适的人在一起太久,这样的人也有可能就是我们自己。这种成本也并不是微不足道的。

我的意思是你一定得解除与那家公关公司的合作,买辆新车，你的朋友必须甩了她的男朋友吗？这些都不一定。**每一个决定其实都值得关注和思考，关键在于，衡量过程必须基于未来，而不是过去。**花了的钱，曾有过的美好时光，最近培训员工付出的精力——这些都是沉没成本。如果想做出最佳选择，那就不应再考虑过往的投入。

沉没成本之所以很危险，很大程度是因为人们没有认识到它们对我们决策的影响。在实际生活中，我们常常用一种不同的方式来"无视"沉没成本：不承认它对我们思维方式所产生的影响。无视沉没成本是没用的。我们必须正视并主动拒绝它。

- **当下很重要**——什么是你拥有和了解的。
- **未来很重要**——你将要去的地方。
- **过去不重要**——意思是说，过去的决定和投入不应该影响当下的选择。

当下的正确决策需要对手头最优质的信息进行清晰的评估，而不要留恋过去的选择。

优秀的作家都知道沉没成本的风险。在你花 3 小时写了一篇头版文章，或花 3 个月写了一本书后，你可能很难接受那些暴露出重大缺陷的编辑工作。一位在著作上倾注了汗水、时间和激情的作家，只愿做一些细微的调整，绝不想全文重写。

作者创作出作品，它们就像是作者的血肉。基于这样的观点，我们建议你要有"杀死你的心头肉"的勇气。如果一位艺术家想创作出伟大的作品，他必须要能正视自己没能达到这个标准的作品，把它揉成一团，扔到一边。

我们都是自己的生活和未来的创作者。让过去决定自己的未来，就造成我们对鸡肋般的旧作舍不得放弃。没错，创作出那些旧作确实花了些时间，但我们清楚，自己还能做得更好。

当你制订计划时，让沉没成本远离你的计划，就像东方远离西方一样。无论沉没成本是生意上的失误、糟糕的作品还是差劲的个人选择，都要采取大胆的措施，确保你对未来的决定不会受到过去的决定的影响。

实践：明智应对"现在回头，为时已晚"的说辞

我们已经了解了成本，学习了概念，现在是实际应用的时候了。在本章接下来的部分，我们将学习一些方法，你可以将它们应用到团队工作中，以避免落入陷阱。

直接回应

想要让一句昂贵的说辞不那么"昂贵",最佳时机是在它被说出来的那一刻。下次你听到"现在回头,为时已晚"或者"我在××上投入了太多的时间和精力,现在改不了了"时,试着用这样的话术回答:

汤米,我了解当事情变得难办或比预期更花时间时,你不是一个会认输的人。我喜欢你这点,我跟你是一条战线的。然而,我在想,如果了解了现在所知道的一切,我们是否还会为这个项目聘请格林合伙公司。

我不认为现在改变已经太迟了。当然了,种一棵树最好的时机是20年前,其次就是现在。让我们为未来做出正确的决定吧!

看上去我们在这条路上已经走得太远了,我知道,现在改变方向,看起来就像是放弃或承认失败。然而,"去学习、去犯错"是可以被容忍的。不要再说什么"我们已经干了这个"或"我们已经买了那个",想想什么是我们拥有的,什么又是我们所了解的。

变革可能会是一项大工程,但我们也许高估了需要投入的精力和成本。我们能不能花几分钟详细讨论一下变革到底需要什么呢?这也许能让我们搞清楚这到底是不是个好主意,或让我们明确保持现状确实更好。

小组讨论

减少证实偏差以做出更好的决定,这是一项值得追求的目标。为了达到这个目的,请考虑下面列出的三个原则。阅读下面几段文字,然后在你的团队中提问,并进行探讨。

原则一,区分决定和结果

好决定也可能导致不好的结果。这一点写起来貌似清晰明了,但在实践中,决定和结果之间的区别可能会很模糊。改变计划并不一定意味着,先前的途径是错误的或最初的决定是错误的。客观环境会变化,知识也会随着时间的推移不断进步。

篮球教练都明白,球员的投篮没有命中,并不一定说明不该这么投。纵观体育运动,胜利很大程度上是概率上的比拼:选择最有可能取胜的方案。即便如此,正确的决定依然会导致不那么理想的结果。这也是比赛的一部分。

同样地,不好的决定也可能带来好的结果。这种情况会带来虚假自信的危害:你可能会觉得自己很机智,但其实你只是很走运。然而,如果我们接受决定和结果之间的不同,我们就认可了这样一种可能性,即好结果并不一定意味着过程正确。当了解到这一点,我们也就放过了自己。

讨论问题：

·我们是否清楚决定和结果之间的不同之处？

·我们能否辨别出最近哪些时候好的决定导致了不好的结果，哪些时候不好的决定反而有了好的结果？

原则二，能正确地接受失败

犯错没关系。每个人都有犯错和做错决定的时候。当有失败的自由和改正错误的空间时，我们就可以试验、调整、学习和改进。如果有所准备，并承认失败是过程的一部分，我们就不太可能会接受"现在回头，为时已晚"这种昂贵的说辞。

暂停几秒，想想你的团队文化和家庭氛围。你周围的人会觉得自己可以失败吗？当必须纠正方向时，他们得到的是宽容和鼓励，还是被含沙射影地或直截了当地责骂？现在再想想你对自己正确时和犯错时的态度。当不得不承认自己错了时，你会对自己失望不满还是一笑置之？

讨论问题：

·在咱们的团队中，结果正确和过程正确哪个更重要？

·我们是如何表现出自己可以犯错并继续前行的？

原则三，审慎的反思有助于成功

我的父亲喜欢说："犹豫不决是失败之母。"虽然我对这句话有特殊感情，但它后面最好再加上一句：不曾犹豫，更易迷茫。行动和反思可能会在任何一个方向上失去平衡，从陷入分析僵局的极端，到没有计划鲁莽行动的极端。团队从大胆的路线直接切换到另一条路线上去，最后却一败涂地，这可能表明其团队文化中需要更多的深度反思。

讨论问题：

- 我们是否很好地平衡了行动和反思？
- 我们何时犯过行动过快的错误？结果如何？
- 我们有没有过反思太多、行动太慢的经历？

我们可以将这些原则应用到奈飞的例子中。奈飞肯定有着拥抱变革、重视反思的企业文化——否则他们就不会推出分拆公司的大胆举措。从他们对市场和媒体反应的应对措施来看，奈飞证明了他们的企业文化对于承认错误同样持开放态度，并能认识到决策和结果之间的不同。

规避成本

下面的策略可以让你的决策从凭空想象、笼统的概括变得立足事实、合情合理。

方法1："我们知道××。我们拥有××。"

记住，只想着无视沉没成本是行不通的，必须要承认，沉没成本很可能在影响着团队的思考过程，并应该采取积极的措施进行杜绝。让我们练习一下运用简单又有效的严谨话术。

沉没成本之所以力量如此强大，原因之一在于，人们认为过去的决定和行动肯定存在一定的价值。的确，是有价值，但关于它的价值需要说得明确一些。过去做了什么并不重要：重要的是我们现在有什么，现在知道什么。看下这些例子：

如果你刚刚花2500美元给你的车装了一个新变速器。理论上来说，之后的几年都不再需要花这个钱了。这么说来，这个新变速器是有价值的（尽管这个价值可能低于所付出的2500美元）。

如果与一位同事共事两年了，你可能对他已非常信赖。他具备相关的专业知识，这有助于他高效完成工作。信赖和知识是有价值的，都属于资产。

为了改善客户服务，你花7.5万美元开发一个新系统，这是不重要的。重要的是（或至少有可能重要的是）你所拥有的资产：一个基本已完工的系统。

资产的产生可能是由于过去花了时间和金钱，但它在未来的价值和过去的投资是相互独立的。

为了确保过去不会影响团队决策，你可以强制大家说精准的话语，以使所讨论的内容更关注未来。当你听到"我们已经花了很多的时间或很多的钱"时，把这些话转换成唯一重要的事：

我们知道_____。

我们拥有_____。

这种方法需要经常练习和制度约束，尤其是在资产的未来价值与我们为取得这些资产所花的金钱和时间明显不符的情况下。避开沉没成本的危害既需要知识，也需要决心。

方法2：将未来成本建成模型

通过比较不同选择的成本与收益，可以让人正确地看待未来。成本模型法是比较不同场景的一种有条理的方法。它最简单的形式不过是各类成本的列表。

假设你正在考虑把办公室搬到附近一座租金较低的大楼。一位同事反对说："现在搬家太晚了；我们已经把所有设备都安装在这里了。"为了用成本模型法反驳这句昂贵的说辞，你需要评估在一段时间内留下和搬走各自的成本——对于搬迁办公室来说，3年的时间段应该是合理的（见表1-1）。

表1-1 成本模型

	留下	搬走
第一年		
搬迁费用	$0	$2,000
设备安装	$0	$2,000
租金	$14,000	$11,000
第二年		
租金	$14,000	$11,000
第三年		
租金	$14,000	$11,000
总成本	$42,000	$37,000

大型项目的成本模型可能非常复杂，而且任何推算新销售额或其他未知因素的模型都只能基于假设。然而，为了对改变进行评估，一个简单的成本模型往往就能使真实情形一清二楚，并将讨论从凭空想象变成以实为据。

方法3：勇于承担"为时已晚"

我们曾见过一些公司在和"一切都太晚了"这种说辞

进行抗争后取得了惊人的成功,我们也听说过"为时已晚"的思维方式使得团队陷入糟糕结局的故事。

无论在工作上还是在家里,未来都是不可预知的。你能判别出什么时候你会觉得"改变已经来不及了"吗?下面的这些问题也许能给你一些灵感。

对于你的公司来说,想换掉生产线来提高竞争力,是否已经来不及了?

对于你的家庭来说,将家里收拾得井井有条,或形成更好的沟通方式,是否已经来不及了?

你想改善和兄弟姐妹、和父母或是和孩子的关系,是否已经来不及了?

你想学习一门新语言或一种新乐器,是否已经来不及了?

你想改变饮食习惯、开始锻炼或是养成其他的健康习惯,是否已经来不及了?

这些问题可能会让你因悔恨而痛苦不堪,你多么希望自己多年前就已经改变,真是悔不当初。然而,重要的是,你要抛开这些情绪,向前看。现在改变,为时不晚。正如那句古老的谚语所说:"种一棵树最好的时机是 20 年前。其次就是现在。"

说辞 2

"我们忙得不可开交,现在没空处理那件事"

"这听起来是个好主意,但我现在忙得焦头烂额,没空。"
"我还没法开始锻炼呢,等事情处理完之后应该就行了。"
"最近忙疯了,我还没来得及考虑那件事。"
"忙完这段,咱就得考虑一下那件事了。"

请允许我花一点时间来感谢你阅读这本书。

我感谢你,是因为除非老板明天要考这本书的内容,否则读这本书对你来说并不是一件紧急的事情。你本应该去忙别的有意义的事,但你还是选择了阅读这本书。

遗憾的是,买了这本书却从来不读的人要远远多于读到这一页的人。这是大多数书的宿命(即使是那些可能比这本更好的书)。为什么人们花很多钱买书却不读呢?通常是因为他们是打算读的,但"就是没有时间"。他们忙得不可开交。

挤占:忙碌会拖累思维的效率

我很同情那些忙得不得了的人,因为我自己也是这么忙的。我一直在忙于重要的事情,偶尔会忙一些明显不太重要的事情。忙碌本身并不是坏事。然而,无论在工作中还是在个人生活中,忙碌都可能代价极高。

你可能已经亲眼见识过"忙得不得了"会如何导致时间和金钱的浪费:

太忙了,没时间去改手机套餐,因此你每个月都得多交30美元。

太忙了,没时间保养爱车,结果造成了一次昂贵的大修。

忙着找新客户,没时间拜访一位老客户,结果他走了。

忙着战术研究,无暇重新审视一项战略,结果发现该战略存在严重缺陷。

太忙了,没时间去健身房做运动,结果睡眠质量不好,精力也跟不上。

太忙了,甚至没时间去请一个帮手让自己不那么忙。

太忙了,没时间去培训你已经请来的人,从而使他可以分担你的工作。

以上的这些话,听上去是不是很耳熟?并不是每次忙碌都得付出高昂的代价,但当领导们认为自己太忙,无法做出正确的决定或采取正确的行动时,"我们忙得不可开交"就变成了一句昂贵的说辞。随之而来的代价包括错失良机和损失钱财。**具有讽刺意味的是,过于忙碌往往导致时间浪费,然后就有更多的理由接着忙了。**

对于你或你的团队来说,"我们忙得不可开交,现在没空处理那件事"是一句昂贵的说辞吗?我们来细细研究一下忙碌可能造成高昂成本的几种方式。

金钱:忙碌会形成大量成本黑洞

多年来,我一直在帮助企业审查开支,跟供应商砍价,并找到省钱的办法。经常,当我在活动上发言或在社交场合上自我介绍后,一位商界领导就会来和我交流。一位首席执行官会走近我,跟我说着类似"杰克,我们真的需要你的帮助。我知道我们开支太大了"这样的话。

接着我会问他一些问题并分享我的方法,我们还会交换名片。然后——在大多数情况下——就没有然后了。

我当然会继续跟进，但通常情况下，如果真有"然后"，那也是几个月后的事情了。有时我们会在几个月后再次取得联系，这时这位首席执行官就会说："杰克，我还是想请你来帮忙的。我们刚刚正忙得不可开交。"

这（再也）不会伤害到我的感情，因为我明白一个公司的领导有多少事情要忙。然而，这些公司真的在做更为重要的事情吗？

从根本上说，商业上的成功由两个数字决定：进项（收入）和出项（成本）。字面上很容易理解。不过，遗憾的是，尽管控制成本的重要性人尽皆知，但许多公司都因为无法控制开支而遭受损失、裁员甚至破产。

重要但不紧急

我在工作中所面临的挑战就是缺乏紧迫感。对于一个公司来说，削减三四个百分点的开支几乎从来都不是当务之急，就像为了改善健康而需要多吃蔬菜一样。然而，当健康状况出现问题时，你并不能穿越回去改变过去 3 年的饮食习惯。同样地，当省钱上升为一项紧急任务时，常常就已经错过时机了，小改变已经很难带来根本性影响了。这时即使节省 10%~20% 可能都不够，而让领导者无法抽身处理成本问题的"忙碌"，正威胁着他们的企业。

当太忙时，我们总是想去先处理紧急的事情，而这些事情可能重要，也可能不重要。史蒂芬·柯维（Steven Covey）在《要事第一》一书中用一个"重要与紧急"矩阵提出了这一问题。柯维认为，最高效的领导者会把注意力集中在重要的事情上，哪怕这些事情并不紧急。在短期内，这意味着一些紧急（但不重要）的项目必须推迟。从长期来看，这意味着需要紧急处理的事情变少了，因为其中一些事在变得紧急前就得到了处理。然而，如果只应付紧急事项，可能出现的情况则是，会有更多的事情因为被忽视而从重要变得紧急。这种自我助长的循环被称为"急事的奴隶"。

为什么几个月前不这么做！

幸运的是，我经常在企业的财务状况变得紧急前帮助到他们。在进行辅导时，我与首席财务官和采购团队合作，进行费用审查，找出能省钱的地方。我们会给许多事项列出下一步的行动计划，其中一些非常简单，比如说：

确保我们为某项采购支付的是合同约定的价格。
要求供应商每月发货一次，而不是每周发货。
请供应商A为我们从供应商B处购买的产品提供报价。
让公司里的三个团队整合订单，使采购价量大从优。

这些行动可能只需要发几封电邮或打几通电话。当我们一个月后再进行跟进时，经常能听到反馈说只花了几个小时就省下了五位数的钱。省了钱总是令人喜悦的，但当团队领导者复盘过去时，他们会喜忧参半，因为他们意识到，他们本可以几乎不费力气就省下这些钱，甚至更多。他们扪心自问："为什么几个月前不这么做？"

也许，他们之前没有这么做，是因为他们不相信这么做有效。的确没有哪个项目能保证可以省一大笔钱。**我要求我的客户找出 5 个项目，并预言他们将在其中至少 3 个项目上见到成效**（还从未有人告诉过我，我的预言失败过）。

我们了解一个事实：如果我们因为太忙甚至连试都不试，我们肯定不会得到任何成果。正如韦恩·格雷茨基（Wayne Gretzky）[①] 那句道理人皆知的名言："如果你不出手，你 100% 会失球。"

时间：忙碌只会让你变得更忙

和金钱同样重要的时间，可以说是一种更有价值的资源。虽然你会赚钱，有时还能省下几个钱，但我从来没听

[①] 韦恩·格雷茨基（Wayne Gretzky），加拿大职业冰球手。——译者注

过有人能"赚"时间或"省下"时间（虽然常常听到人说"我会找时间……"或"我会抽空……"）。考虑到时间的有限，有时花时间来省钱可能并不划算。

然而，如果有一种时间投资真的能让你"省下"时间呢？因为你错失了一个真正节省时间的机会，而让自己从"太忙"变得"更忙"了，那么抱怨"太忙"就会变成一个恶性循环。

商业术语"以钱生钱"说明了在钱进账前，可能需要进行财务上的投资。这同样可以说明"以时间生时间"也常常是正确的。许多提高效率和节省时间的方法都需要预先的投入。那些因为太忙而没有任何投入的人将永远享受不到之后的好处。

想想你的生活和团队，你是否在重要的事情变得紧急之前就着手处理了？你是否正想办法省下时间，避免成为急事的奴隶呢？

修理 EZ 通行卡

你还记得在州际公路上往收费箱里投币这件事吗？小时候坐在家庭旅行车的后排座位上看，我只是觉得这件事很好玩，但当我长大，可以驾驶车辆开过美国东北部的时候，这件事就变得让人很讨厌了。如果你从来没有过这种经历，在公路旅行前好几个星期就开始到处收集硬币，然后数清楚应该找回多少钱，并确保它没有掉在地上，那么很可能是因为你真的很年轻，一直享受着自动收费机的便利——在我们那儿称为"EZ通行卡"。（也可能是你很幸运地生活在一个没有收费公路的地区，而且你也从未听说过任何一种收费方式。）

我的第一台EZ通行卡设备是在20世纪90年代中期到手的，它的好处立竿见影：在收费站排队的时间更短，而且不需要到处找零钱了。EZ通行卡是运用优秀技术的典型例子。它方便了消费者，对于道路主来说更便宜，而且淘汰了你所能想象到的最单调的一种工作。

今年早些时候，在没有任何预兆的情况下，我家小型货车上的EZ通行卡"砰"的一声从挡风玻璃上掉了下来。它本是用尼龙搭扣带粘在上面的，经过几年时间后胶带上的黏着力明显下降了，因此需要把它重新粘到挡风玻璃上。这是极少数我能自己动手修理的汽车问题之一，然而几个星期过去了，EZ通行卡仍然放在车门上的储物格里。

为什么这么简单的修理我会拖着不做呢？首先，我手边没有尼龙搭扣带，去商店里找到它并花时间修好貌似得花一番工夫。其次，我觉得我们并不会经常用到EZ通行卡，真需要的时候，伸手拿到卡，然后把它举起来，这也不会是一件很麻烦的事情。而且，老实说，也没有特别合适的时机，我"太忙了"，没时间来修这个。

就这么着，三个月过去了。每次经过收费站的时候，我不得不承认实际上自己付出了更多的成本：

- 压力成本："EZ 通行卡放哪儿了？我把它放在机器能读取的正确位置了吗？"
- 后悔成本："该死，真不敢相信我竟然还没把它修好。下星期必须把它搞定。"
- 回顾成本："尼龙搭扣带要上哪去买？我什么时候会再去那家店附近呢？"

终于，在我写下这些文字的几周前，我在商店里找到了尼龙搭扣带。我买了它，然后那天晚些时候花了两分钟重新装好了 EZ 通行卡。哇！多希望自己早几个月就把它修好。

和大家分享我的 EZ 通行卡经历，是因为这些小事情会花去比我们所意识到的更高的成本，而修好它们带来的好处经常比我们想象的多得多。你大可把这个故事和你的生活联系起来；我猜有几个小项目会在家里等着你，它们会以一种微小而明显的方式改善你的生活。

今晚就解决一个吧。为了你自己，也为了你周围的人去充分地利用时间吧。另外，"太忙了"也远远不只是生产力的问题。

感情：忙碌会腐蚀人际关系

作为一个20世纪70年代出生的人，我对哈里·查宾（Harry Chapin）的民谣《摇篮里的猫》（Cat's in the Cradle）记忆深刻。如果你听过那首歌，那么单凭歌名就能激起你怀旧或悲伤的情绪。这首歌不仅是20世纪70年代忧郁情怀的教科书式范例，更是一个关于感情和遗憾的辛酸故事。歌词讲述了一位只顾忙工作的父亲，在儿子童年时的每一个纪念时刻，他要不在出差，要不在办公室加班到很晚。这个爸爸实在太忙了。终于，父亲退休了，他渴望花更多的时间去了解现在已经成年的儿子。令人难过的是，这个儿子也变得和父亲一模一样——忙着过自己的生活，没时间和父亲相聚。

查宾承认，这首歌和他本人当父亲的经历有关："坦白说，这首歌把我吓死了。"我们每个人都有过因"缺乏关心"而受到伤害的经历。从个人角度来说，这可能是一场悲剧。"我本应花更多的时间陪伴家人"，这句临终遗言听起来可能不足为奇，而且并不能减轻很多人的痛苦，他们很希望自己以前能对所爱的人更重视一些。

如果这些话让你有所触动，那么你可能应该即刻开始行动。请随时放下这本书，去打个电话，或写张字条。无论如何，我希望当你发现自己在说太忙了因而没有时间和家人及朋友联系的时候，停下来别再说这话了。

在工作中，我们也知道，从根本上讲，没有什么比人际关系更重要了。金钱、策略、产品和流程都是业务的组成部分。然而，如果对这些的追求使得客户关系和员工关系受到影响，企业就难以长盛不衰。

当关系发生动摇时，其他的一切都可以被舍弃。对于我们至亲的家人及朋友来说，这显然是正确的，而工作上的人际关系也可能因为缺少时间维系而受伤。

客户

20世纪80年代，营销人员和金融分析师开始明确关注客户的"终身价值"。**这种关注使人们更加重视这样一个事实：留住现有客户的成本总是低于获取新客户的成本。**然而几十年后，许多营销机构对获取新客户的关注要远远超过维护现有客户。你绞尽脑汁想拿下一个巨大的新合同或下一位"鲸鱼"一样的大客户，进而忽略了现有的关系，这时你失去老客户的风险就会增加。

员工

有参与感的员工，其工作效率也会更高。为了让员工全身心地投入，他们必须和任务紧密相关，并相信公司的领导者们重视他们。要证明他们备受重视，最有效的方法之一就是充满关心、言行一致地进行沟通。

在我曾工作的一家公司里，首席执行官宣布想为员工提供一系列新福利，包括更多的培训、集体野餐和激励计划。然而，3年过去了，没有一项福利得到落实。有些员工认为是管理层太忙，没时间处理这些对员工来说很重要的事情，甚至有些人还离职了。

直面坏消息

人际关系是不会一下子变糟的。当人际关系出现小裂痕时——无论是私人关系还是职业关系，忙碌可能会和否认共同形成一种危险的回避情绪。"忙得不可开交"最糟糕的时候，正是我们很多人都宁愿忙碌的时候——坏消息浮出水面的时候。

我再一次说一下前提，那就是这不是一本关于客户关系、员工关系或家庭关系本身的书，但如果不写如何与周围的人相处，我们对忙碌所花费成本的考量将是不完整的。当忙到会损坏重要的人际关系时，我们就应该检查一下日程表和优先顺序了。思考一下哪一句话来形容你最为贴切：

你正忙着建立对你来说最重要的人际关系。

你的忙碌正破坏着你最重要的人际关系。

一位年迈的乡村牧师说过一句话："如果魔鬼不能让

你变坏，它就会让你变忙！"这个吓人的警告揭示了忙碌的诱人风险，以及"我忙得不可开交，现在没空处理那件事"这句昂贵的说辞的威力。忙碌常常表面上是件好事，但它会分散我们对更重要事物的注意力。

决策：不要在忙碌的沼泽中纠缠

我的母亲过去时常提醒我"不做决定就是做决定"。这是可以解释生活中许多事情的精辟的真理。如果推迟决定是否加入一个小组、学习一门课或开始一种爱好，这些机会往往就会被其他事情淹没。然后，正如约翰·列侬（John Lennon）所说："生活就是当你忙着制订其他计划时发生在你身上的事情。"

不过，有时，当一个毫无限制条件的决策过程拖延几天或几周，生活本身就会被计划制订本身占据了。在这些情况下，优柔寡断的代价就不仅仅是错失良机了。"我们不去尝试的机会"或"我们不去做的决定"的问题总是悬而未决，每次我们重新回顾它，都会耗费更多的时间和精力。

手风琴一样的决策过程

我妻子只用了15分钟就选好了我们的结婚纪念蛋糕。我们在预约行程的空当偶然发现了一家漂亮的面包店，我们进去逛了逛，就把这件事搞定了。之后也没有发生类似"天哪，也许我们应该加上草莓夹层"或"四层会不会太多了"的这种讨论。时间有限，因此我们必须赶快决定，还有其他事项等着我们去处理。

我不愿批评那些花18个月筹划婚礼的人，毕竟这是一件有特别意义的事。用结婚典礼这个大家都很熟悉的例子，我只是想说明，计划和决策时间能像手风琴一样伸展扩大，填满我们能给到的所有时间。

筹划一场婚礼到底需要多长时间呢？真实的答案是：它需要从现在开始直到婚礼前一天的这段时间。挑选请柬可能只要10分钟，也可能花上6个月。你到底有多少时间呢？（还有一个类似的问题是"一场婚礼要花多少钱？"答案也是一样的。）

这一机制不局限于婚礼。选择一个市场营销机构需要多长时间呢？决定公司的使命宣言呢？为董事会制定午餐菜单呢？挑选合适的服装呢？写一封电子邮件呢？

我不是说这些事情的重要性都是一样的，它们显然不是。不过，它们当中任何一件事所需的时间和精力都能上下浮动。声称"我们太忙了，现在决定不了"可能没法促进问题的解决，也不会提高决策的质量，但肯定会增加决策过程中的时间和成本。如果你一遍又一遍地考虑这个决定，这样的重新回顾将会付出巨大的代价。

切勿进行决策持久战

《哈姆雷特》本可以是一部短剧。毕竟万一他相信了鬼魂的话，在第一幕就为父亲报了仇，那么……谢天谢地，莎士比亚的剧本有所不同——一个太果断的丹麦人肯定会让这出戏黯然失色的。

然而，你希望团队决策过程充满戏剧性吗？当一个决定因为忙碌或其他原因而被推迟时，团队中的任何人都可以随时回来重新开始讨论。

优柔寡断、过多争论、含糊其词和摇摆不定，会降低生产力。为了避免这些情况发生，在团队面临决策时，下面两条路必须二选一：

- **决定**。直接确定是或否，做还是不做。
- **决定稍后再决定**。确定下次重新进行决策的具体日期和时间。

推迟可能是正确的；你的团队也许可以更好地利用未来的信息进行决策。然而，你是否会说："与其现在做决定，不如在接下来的3个月里，每天花20分钟思考和讨论一下这个问题，大家觉得怎么样？"如果现在做不了决定，或者不是在之后某个特定的时间重启讨论，而是想在特定时间前就开始讨论，这条路是行不通的。

杠杆：跳出"忙碌陷阱"的四种方法

有几种大家既熟悉又行之有效的节省时间的方法，可以运用在家里和工作场合。当想要避免因为"忙得不可开交"而无法采取正确的行动时，你将把每一种方法都作为一根杠杆，来撬动更多的时间，做出更好的决定。

杠杆1：责任授权

我以前主持过一个由12位首席执行官组成的学习小组，其中有4位总是领先于其他人。他们的公司不断成长，欣欣向荣，而且他们能以战略性的眼光规划未来。另外的8位则经常因为员工问题或业务危机而离开会议，他们很难摆脱亲自处理公司问题的模式。一段时间过后，我注意到那4位"更成功"的领导者有一个同样的基本特质：他们都善于将权力下放。他们把公司里的各种职能委托给了其他人，很放心地让这些人去干事。

我在首席执行官小组中的见闻并不是科学依据，但有许多研究都表明，领导者学会授权对企业的成长来说至关重要，而缺少授权正是大多数企业无法从小企业阶段升级的一个关键原因。责任授权既要花时间，也能创造时间。

无论是在企业、教堂、教室或社交俱乐部，领导者的时间会随着他让更多人来承担责任而增加。育儿也是如此。教孩子系鞋带、用筷子或洗衣服是很费时的，但当孩子们能自己穿衣、吃饭和洗澡时，养育孩子就不那么费力了。（未必会更容易，但体力劳动肯定是少了。）

授权并不是随意进行的。它需要专注和承诺。你是否因为太忙而没有时间去完成你的报告，或去培训你的新员工，或者去找一个新的供应商呢？如果是，那么你可能会一直忙下去。（你也可能遭遇质量下滑或承受更大的风险。）

杠杆2：流程

每个企业、团队和家庭都要进行许多重复的劳动。即使你不在装配线上干活，公司里总有些人在进行这些例行工作：开出发票、回复顾客咨询、撰写提案、测试软件改进功能，或做一些每年至少要进行好几次的事情。在家里，我们支付账单、写节日贺卡，还会定期旅行。

如果这些事项没有说明文档或标准流程，在每次任务结束后人们必须记住方法，或每次重复任务时都要重新寻找方法。这需要花时间，每次的质量也可能不同，还可能产生额外的风险。然而，如果有了指引，事情就能做得更快捷、更容易、更好。比如说，如果按照食谱做饭，我们就规避了大量耗时的问题，同时也能降低食物不安全或不好吃的风险。

企业成熟过程中的一个基本阶段是"将个人知识转变为文档化流程"。那些忙到没法转为以流程为导向的企业，就不得不依赖个人的记忆和专业知识。如果太忙碌，不但会增加成本，还会因为无暇添加流程而限制成长，最终使一些企业沦为夫妻店。

杠杆3：整理

节省时间最基本的方法之一，就是把东西放在要使用或需要的地方。这个不言而喻的原则不需要解释，但还是必须提出这样一个问题：我们需要的东西放在最佳位置了吗？迅猛发展的办公室和家庭整理行业表明，我们当中许多人都坚信自己还有进步空间。

在考虑如何整理时，应根据使用场合、而不是根据物品本身进行整理。比如处理家庭账单时，更好的方法可能是将存款支票与邮票和信封放在一起，而不是与其他银行文件放在一起。因为省去了找东西的麻烦，这种基于使用场合的收纳方式能够节省时间，还可以减轻压力，甚至能让可能赔给供应商的滞纳金也一并消失。为了省下更多的时间，还有人选择用自动化等技术来处理他们的账单。

杠杆 4：自动化

我曾经每天会被电话费账单包围。我与别人共同创立了一家公司，为大型企业处理与核对电信单据，我主要负责运营工作。当时，处理的大多数账单都是纸质的，但我们可以把它们转换成电子版的。转换工作是一件苦差事。运营商需要好几个账单周期（也就是好几个月）才能受理转换请求、发出账单样本、最终才能将纸质账单变成电子账单。这对我来说太麻烦了，于是我一直拖延了没去做。我告诉自己，处理纸质账单的日常工作已经"太忙了"，没有时间去把账单变成电子版的。

因此，我们继续处理着纸质账单，直到有一天，首席执行官说了一句类似于"我们为什么快被纸给淹没了"的话。原因就是我太忙了。这个回答真的很丧气，因为没能正确地安排自己的时间，导致了整个公司的效率低下。

四个月后，我们几乎让所有的大型账单都变成了电子版本。这让处理一份账单所需的时间从两天缩短到两个小时，从而腾出了每月数百小时的员工工时。"我忙得不可开交，没空去改账单形式"，就是一句极为昂贵的说辞。

运用杠杆来节省时间

利用授权、流程、整理和自动化等杠杆来节省时间其实没什么神奇的。这些方法似乎太习以为常,以至于我们忽视了它们在我们日常生活中省下时间和增加团队生产力的能力。我们可以在很多地方运用它们。

找到"车间"

如果你的工作场所是一个典型的"流水车间"——比如汽车装配线或电视工厂,那不用说,每一步都要重复成千上万次,而任何微小的改进都能产生巨大的长期效益。运筹学正是在流水线车间诞生的。

流程改进也可以使"加工车间"受益,在那儿,每个项目都是不同的,工作内容也各不相同。在你的团队中,哪些事项一个月只发生几次?它们是否有正确文档和技术的支持?哪里有重复,哪里就有改进的空间。

10% × 10% 也是很大的数字

如果一个全职的人把他 10% 的工作时间用在一项特定的任务上,这就意味着他每周要花 4 个小时来进行这项任务,也就是每年 200 个小时。如果这个效率能提高 10%,就能省下 20 个小时。如果有 4 个人用他们 10% 的工作时间做同样的事情,那就能节省 80 个小时。额外省下的两周对你的团队会有帮助吗?花几个小时来省下这些时间值得吗?

如果要说标准,那么有人得花至少 10% 的工作时间来做的事情都值得检查和改进。实际上，对于频次小得多的事情，改进流程并应用技术也可能非常值得——甚至那些我们可能每月只花几秒做几次的事情也同样如此（比如在高速公路上交费）。

心态：人们对于忙碌会上瘾

在我们的文化中，忙碌的状态是大家接受和赞美的，这使它成为一个完美的托词。当排得满满当当的日程成为你拒绝的理由时，它会被认为是一个比很多事实情况都更为合适的答案：

- "我讨厌你，我不想照你说的做。"
- "如果按照你的建议来，就会显示我的效率有多低。"
- "我太懒了，懒得去想那个到底有用没用。"
- "我不喜欢授权，因为我是个控制狂。"
- "那个听上去不错，但得要我去改变，我害怕改变。"
- "我是个完美主义者，不完全掌握一件事，我是不会接受的。"

其中一种回答就可能会给你带来麻烦，而你几乎不会因为回答"听起来不错，但我实在太忙了"而被追究责任。请勿接受自己或团队成员的这种借口。

仅仅说"不"吗？

声称自己忙碌可能是一个说"不"的简单方式，而"不"则可能就是正确答案。你完全可以得出这样的结论——你不想采取行动，是因为：

- 你认为它对你没什么用。
- 它可能要花很多钱。
- 它现在还不是需要优先考虑的事。

如果你的团队做出了这样的决定，你也更愿意告诉销售人员"我们太忙了"（或者在这个问题上用"我们还得洗个头"或其他借口），那也是可以的。我并不是说每个回答都必须完全公开透明，但要确保你的团队理解你说"不"的真正原因，这样大家才不会自欺欺人。随口一说的借口很容易向自己灌输"我很忙"的想法，这可能会成为一个坏习惯。

对忙碌上瘾

每个人都会有过度忙碌或火烧眉毛的时候。比如在非营利机构,捐款突然减少了30%,因此所有人都得上阵帮忙筹款;在一家刚搬了办公室的公司,同事们在忙着整理东西、找洗手间,一边还得继续服务顾客直到他们满意;或者有段时间,你要兼顾全职工作,还在上着在职课程,而你的家人又生病了……这种时候会有,但终究会过去。当你的时间表越来越紧张却无法放松,问题可能更多地出在个人身上,而非环境。

工作狂喜欢在工作需要的掩护下躲避私事的处理。"工作狂"一词已经存在几十年了,但近年来,人们对"忙碌上瘾"这一主题的关注和学术研究越来越多。科学家们在这一课题上的研究成果相当惊人:一个沉迷于忙碌状态的人,其大脑对相关活动的反应与吸毒者的几乎一模一样。

紧急文化

人会对忙碌集体上瘾吗?在一些团队中,似乎日程安排一直满满当当,日复一日,好像永远停不下来。你的团队是否一直处在火烧眉毛的状态?听听看,留意一下有没有蛛丝马迹:

- "我确信那个肯定对咱们公司有好处,但是我们手头要做的事情太多了。"
- "这可能会是这个行业的发展方向,但眼前的方向是咱们现在的重中之重……"
- "我们还没有达到可以思考这个问题的程度。"
- "我们都快忙疯了。"

研究表明,过于忙碌会破坏创造力,阻碍生产力。

生存模式下的决策

当短期内由于缺乏资源而存在不确定性时,团队有时会宣称自己处于"生存模式"。该模式意味着长期规划是不可能的,因为必须把注意力放在如何度过近期困难之上。这合情合理——如果你们家今天没有东西吃,你不为秋天收获而去种地也情有可原。然而,请思考以下关于生存模式的两个警告:

首先,要警惕想法的力量。当团队中的每个人都开始怀疑组织是否能渡过难关时,消极的想法可能会变成一个自我应验的预言。领导者可以实话实说,但同时,在如何以及与谁分享全部真相的问题上应谨慎行事。

其次,生存心态会产生危害组织的决策。飞行员所接受的训练是当飞行途中遇到紧急机械故障,他们在处理危机时首先必须做的一件事就是继续驾驶飞机。领导者通常面临着一项极为艰巨的任务，就是平衡短期需求和长期健康发展，而他们必须努力避免因为前者的紧迫性而牺牲后者。

忙碌是一种选择

你忙，我也忙，大家都很忙。

有时我们需要提醒自己，每个人拥有的时间都是一样的，并且大多数人都认为自己把时间花在了有价值的追求上。你正忙着做你想做的事。我说这话得小心点，但你……别太自以为是了。

我们的日程表里可能全是重要的事情。然而，如果因为太忙而无法做出正确的决定，我们可能会因此忽视一个可能造成巨大伤害的问题，或一个能带来巨额收益的机会，进而深深自责。

实践：明智应对"我们忙得不可开交……"的说辞

无论用来拒绝他人的"忙碌"是客观的还是主观的，你都不会想让它成为糟糕决策的遮羞布。让我们看一下如何确保这种情况不会发生。

直接回应

一句昂贵的说辞可以改头换面并引发一场富有成效的对话。下次你听到"我们现在忙得没时间想这个"或者其他各种形式的"太忙了"的借口时,试着将下面这些回答中的一种应用到你的团队中。

我们确实很忙,但也许我们并没有一直专注于最重要的事情。我觉得咱们现在需要研究一下这个事情,因为它可能会是我们未来的一个重要部分。

我想我们怕是忙过头了,停不下来。我的意思是说,这个事情也许能节省我们的时间,让我们可以不那么忙。这不是很棒吗?

我们永远不会因为太忙而做不了正确的事情。让我们花半个小时来一起研究一下这个问题,然后做出一个决定:1.随着变化一起进行改进;2.保持现状;3.挑一个确定的日期和时间来解决这个问题。

我们当然得让业务继续运作下去。但我在想,六个月后,我们会不会回想现在然后后悔当初没有早点采取行动。

别让忙碌挂在嘴边

如果"太忙"在你的团队中是一个常见而昂贵的说辞,那就直接接受这个事实。把团队成员召集到一起,讨论一下如何应用这些步骤。

步骤1:摒弃"忙碌"的前提

如果附近有人溺水,你会不会因为太忙而没时间救他们?当然不会。如果公司即将倒闭,你会不会因为太忙而无暇采取行动拯救它?还是不会。这些问题说得有点夸张,但重要的是要在你的团队中树立、阐明和加强这一观念,即你并没有忙到做不了正确或明智的事情。

这里有一些实用的建议,可以确保你的团队不会用忙来当借口逃避。

· 启用"忙碌存钱罐":谁说自己太忙了,谁就要被罚一美元。

· 创立一个读书会,读一本关于忙碌的书,比如托尼·克拉比(Tony Crabbe)的《忙碌》(*Busy*)或者布雷迪·博伊德(Brady Boyd)的《沉迷忙碌》(*Addicted to Busy*)。然后讨论它是否或者如何适用于你们的团队。

· 让你身边的人告诉你,你什么时候看起来很忙,这对他们有什么影响。（注意：这是一个大胆的邀请，可能会得到一些令人惊讶的反馈。在采用这种方法之前，请确保自己已经做好了接受团队的坦率意见的准备。）

步骤2：转向优先事项

你的团队是无奈地受着现实环境的驱动，还是能有策略地决定发展的方向？如果要占据主动地位，我们可能需要从"被瞎忙捆住手脚"转变成"以优先顺序为驱动"。

当我们以正确的理由正确地说"不"时，这是件好事。然而，由于战术上拖了后腿而错失一个难得的战略机会，将会导致全军覆没。不去优先考虑机会是没问题的；但无视一个机会或以忙碌为借口则是很有问题的。

在列出所有选项之后，根据团队的优先级来决定推迟或减少哪些选项。让团队区分出良好的和最好的，有益的和必要的。判断出一件好事此刻未必是正确的事，这可能是最好的决定。

步骤3：重申事实

既然你已经摒弃了"忙碌"的错误前提，厘清了事情的轻重缓急，你就可以用一句更有用的话来取代那句昂贵的说辞了。

- "咱们现在就着手启动这个客户关怀项目，因为它符合我们的使命，将使我们更加成功。"

- "虽然启用反馈计划对于我们的一些竞争对手来说很有效，但我们的重点是创新，这个和我们的战略计划格格不入。"
- "如果能找到一个服务商来帮我们减少开支，那肯定很好，但我们的首席财务官和其他财务部领导们还在适应新的会计制度。我们在 3 月初再来重新讨论这个问题，到时候再决定。"

注意看最后一句话里指明的时间段。如果这不是现在的优先事项，要确定好什么时候再来重新考虑这个问题。

战胜过度忙碌的方法

和许多昂贵的说辞一样，声称"太忙"通常是由于信息匮乏以及未知事物的不确定性。只要花上一点点时间，你的团队就可以用"对成本有条理的预测"及"落实新想法的收益"来取代模糊不清的猜测。

方法 1：进行一次 10 分钟的成本收益分析

成本收益分析是对采取特定行动的利弊进行整合，并赋予其数值或估值的一种简易方法。步骤很简单：

- 开展头脑风暴,集思广益所有不同类型的成本。
- 估算成本的数额或范围。
- 列出所有的收益。
- 略估收益的价值。
- 将你的成本估算与收益估算进行比较。

这一方法得出的结果可能会是一张包含两条纵列以及一些数字的书写板;如果是,拍张照片发给你的团队成员。电子邮件中的笔记也可以。这个分析不需要完美或包罗万象;快速概览比完全没有分析要强100倍。

方法2:评估你的问题或目标清单

在《同侧销售》(*Same Side Selling*)一书中,我和伊恩·阿尔特曼(Ian Altman)写到了,在面对那些因为太忙而没能有始有终的买家时,销售人员所遭遇的挑战。对于各行各业的销售人员来说,这是一种巨大的挫折,因为他们似乎无法让顾客的注意力停留足够长的时间来成功地完成销售。

"我们太忙了"可能是顾客想离开的借口,但这句话更有可能表明,销售人员没有把他的解决方案与顾客心中的紧急问题联系起来。用伊恩的话说就是:"仅仅能解决买方的一个问题是不够的。"如果用1~10的数字来为问题的严重程度打分,那么它必须是一个得分为8~10分的问题。任何低于这个分值的事物，用户可能同意这东西是有用的，但他们不会优先去购买它。1～10的范围是随意的，但十分有效，它对你们团队内部的优先排序以及你的销售对象同样有用。如果把你工作的对象看成是"目标"效果更好，那很好；但通常情况下，"问题"会比"目标"更为紧迫（许多目标也就是去解决问题）。

如果正在考虑的行动没有解决一个重要的问题，那么你就有了是否要继续前进的答案。你不会因为忙或分心而放任不管；你是在要解决最紧迫问题的基础上做出的有根有据的决定。

说辞 3

"我们昨天就需要这个了"

"这件事非常紧急。"

"我们必须马上采取行动,马上!"

"别光在那傻站着……干点儿什么吧!"

"我们等不起。"

20世纪80年代最成功的广告,宣传的是一个出人意料的主题。这个名噪一时的广告,并不是推广啤酒、零食、玩具或任何一种消费品,而是一家货运公司。广告语精辟地概括出了这家公司的职能、宗旨和品牌:"联邦快递,使命嘱托,隔夜必达。"

该公司在周末的体育赛事上铺天盖地地播放电视广告,成为一个家喻户晓的品牌。然而,它的成功取决于企业和消费者如何回答一个关键问题:运送的物品必须在一夜之间到货的频次到底有多高?

公司的创始人弗雷德·史密斯（Fred Smith）认为，人们对更快的货运速度有着潜在的渴望，并且人们愿意为此支付更高的价格。当史密斯在耶鲁大学的学期论文中首次提出这个想法时，他的教授没能看出这一想法的潜力，只给他打了一个平均分。

我们都知道故事后来是怎么发展的。联邦快递（1994年起简称为FedEx）的业绩取得了惊人的增长，并像电话和普通信件一样成了许多企业不可或缺的工具。在商界内外，越来越多的人开始觉得"当天寄出的东西第二天就能收到"是理所应当的。当然，在生活中某些时候，等待一天甚至都是无法接受的。

即时满足：紧迫性是被市场训练出来的

我的一位朋友最近和家人一起外出度假。他四岁的女儿问他是否可以在宾馆的电视上看《探险家朵拉》（Dora the Explorer）。爸爸解释道，现在电视上可能没在放朵拉，翻了电视频道后确认的确如此。可怜的小姑娘不明白朵拉为什么看不了了。在家里，她想什么时候看朵拉就能什么时候看朵拉。她想看朵拉，现在立刻马上。

我自己是看着电视长大的，那时不管是数码录像机还是家用录像机都没出现。你要么在特定的时间收看电视节目，要么只能错过。当直播节目可以录制到录像带中（并因此可以随时观看）的功能首次进入大众文化中时，它是革命性的变化。如今，如果我们不能随时看到喜欢的节目，这简直是不可理解的。（事实上，重读这段话你会发现一些相当过时的词语：家用录像机、录像带、"错过"某个节目、播出……甚至还可能包括电视。）

运输业和娱乐业并非唯一发生变化的领域。如你所见，生活的每一个角落都在加快节奏。我们的厨房里堆满了预煮的千层面和预拌的奶昔。以前装修一下房子要花好几个月的时间。之后有了"两日交付百叶窗"，在确定了这个标准之后，又有了"次日交付百叶窗"来超越它。

让大家留意这个随需应变的世界（事实上这世界并非历来如此），是想让大家想想我们的思维方式是如何形成的。**我们已被训练得相信，自己立马就需要一样东西。然而，我们可能并不真的是马上就需要它——不管"它"是什么。**

我们也目睹了曾经的奢侈品变成当今的必需品的现象。就在不久前，我们还无法隔一晚就得到我们想要的东西。人类摸爬滚打了几千年，然后隔夜服务横空出世，接着被广泛使用，随后就被人们认为是理所应当的。

当意识到自己并不总是需要这么快的速度时，我们可能会问：自己到底为什么这么着急呢？我们真的陷入了必须立即采取行动的境地吗？

环境：人们在被动地适应速度世界

哲学问题值得一问，在本章后面我们也会提出一些实际问题来检验紧迫性是否真的存在。然而，在现实世界中，紧急并不总是我们自己的选择。即便我们个人的预期并没有那么着急，周围的人和环境也会把紧迫感强加给我们。它可能会像下面这些场景：

·一个客户说要离开你，抱怨你的软件太慢了。
·一个新项目计划下周开工，但你还没找到合适的员工来处理它。
·一个好朋友告诉你他的婚姻出了问题。
·你的孩子说她讨厌加入乐队，想要退出不干。

这些情况不仅仅是表面上对速度的追求。如果某些东西不改变，这些真实的问题可能会变得更糟。然而，"我们昨天就需要这个了"或"我们必须立马解决它"的心态未必是最好的方法。看看这些被动性的即时反应：

·面对客户质疑：你提供了一个大幅折扣来赢回客户，或者你匆忙地下单了一个解决方案，希望它能提高你的系统运行速度。

·面对人手不足：你急匆匆地招聘了一个能做这项工作的人，或你告诉客户自己做不了这个新项目。

·面对婚姻问题：你给朋友提供了具体的夫妻关系建议。

·面对孩子的顾虑：你告诉女儿，她可以退出乐队。

这些行动可能起到一定作用。然后，很容易想象，这些反应可能没有一个可以解决真正的问题，然后在不久的将来，问题会再次出现。

代价：紧迫性使得决策力下降

当我们别无选择且被迫回应时，我们可以这么做。然而，这种反应可能不是最好的办法。无论是在高速公路上拐错了弯，做了不必要的手术，选择了错误的供应商，还是嫁错了人，紧迫性都会导致让我们后悔的决定。

所有的决策都是为了应付

我们来看看紧迫性使得决策力下降的具体方式：

· **紧迫性会减少选择。** 所有的选择不外乎这三种：1.立马开始行动；2.稍等片刻，以后再行动；3.不采取任何行动。从这个角度看，紧迫性直接排除了两种选择，因为它要求必须立即采取行动。此外，对速度的追求意味着，哪怕即刻开始行动，无法立马见效的话也可能不被重视甚至彻底取消行动。速度意味着一切，完全不考虑其他因素和情况。

· **紧迫性会削弱议价能力。** 谈判中的经典技巧之一就是当一方遵循严格的时间表时，另一方则在拖延时间。如果我们必须在下周开始实施，那么我们就没法再去争取一周时间，也没时间去制定替代方案了。这不仅会影响我们付出的成本，还会影响成果的质量。因此，当我们进行任何形式的谈判或采购时，我们尤其应当警惕紧迫性，并认识到对方可能会试图给我们制造紧迫性。现代营销人员在多大程度上使用（甚至滥用）了紧急性的前提，这值得引起我们注意。从半夜12点到期的网上优惠，到仅限一天的促销活动，再到声称库存有限，只有在接下来的10分钟内打电话才有效的价格，那些想卖给我们东西的人，都依赖着催促我们做出购买决定的紧迫性。

· **紧迫性容不下流程。** 紧迫性决定了慎重审议是不被允许的。如果流程要求进行三次竞标或多次背景调查，那么紧迫性可能会诱使你跳过这些保障机制。当目标群体未能参与或省略了适当的评估阶段，决策可能会不尽如人意。

·紧迫性会不断重复。正如我们前面提到的，如果紧急事项将重要事项从议程中挤走，就会衍生出更多的紧急事项，以致重要的事也变得紧迫。这种潜在的恶性循环，使得认清紧迫性且在其毫无用处之时将其一网打尽变得更为重要。

尽管有这么多坏处，在紧急情况下还是有可能做出正确的决定的。这就像是一边写邮件，一边有人冲你大喊大叫；或在你的脚指头被锤子砸到后，马上动手做高深的数学运算。这是可能的，但会很困难。紧迫性尖叫着，阵痛着，对你说"现在就做点什么吧"，然后将随便什么行动优先安排在最佳行动的前面。

相反，没有紧迫感则能让我们拥有更多奢侈的东西。有了更多的时间，我们可以做出更好的决定，也有了更多的选择。让我们来看看如何将不那么着急的补救措施应用到刚才我们面对的场景里：

·面对客户质疑：你安排了与客户面对面的会谈，以确保你理解了他们所关心的内容。同时，你研究并衡量了你与竞争对手各自系统的速度，并着手评估有效提速的方法。

- **面对人手不足**：你先去确认了项目是否可以稍微推迟一些而不用受处罚，接着开始认真寻找合适的新员工。
- **面对婚姻问题**：你花了更多的时间倾听朋友的心声，也许和他的配偶也见了面。或者你给他们介绍了婚姻咨询顾问。
- **面对孩子的顾虑**：你对孩子表达了同情，并向她保证，你只希望她一切都好，但同意在她情绪低落的时候不做任何决定。你希望用周末时间谈谈这个问题，到时再来拟订具体计划。

额外的成本

即使我们能顶住巨大压力做出正确的决定，但想在短时间内找到解决方案，就很可能需要负担直接的财务成本。我们知道，次日达的运费比普通快递要高，有时能达到普通快递的10~20倍。当需要必要的速度时，溢价显然是值得的，但通常情况下这是不必要的成本。

货运并不是唯一一个需要在速度上多花成本的领域，而且成本也不局限于财务范畴。速度对其他因素的影响在经典的咨询范式中得到了体现，它展示了咨询项目的三个维度：

- 质量。
- 范围。
- 速度。

客户必须决定哪两项是最重要的。其中隐含的意思是，基于一个给定的价格，只有两个维度可以优先考虑，而第三个维度将受到影响。如果你的工作质量好、范围广，就需要花更多的时间。如果速度处于优先地位，那么质量和范围中的一个必然要做出让步。

如果去除预算限制，三个维度都做要求，也许你能用更高的成本得到想要的结果。然而，无论如何，速度都会产生溢价。

摆脱：避免被紧迫性逼入"死角"

在接受一个相形见绌的决定或额外成本之前，我们可以用一些方法来证实甚至减少紧迫性。在尊重他人的关切的同时，慎重的行动也能提高做出更好决定的概率。我们不必采取超然的、斯波克[①]式的冷静态度，也不必让周围每个人都"淡定，淡定"。

---

① 斯波克，《星际迷航》角色，以理智、冷静著称。——译者注

用同理心分担对方情绪

承认形势的严重性与匆忙反应之间有一个重要的区别。当同事、朋友或家人说着他们认为很紧急的问题时，淡化他们的担忧也无济于事。**不管是个人的伤痛还是对事业成功的威胁，确保对方知道你了解事情的严重性是很重要的，而且要在第一时间进行。**

尽快表达同理心之所以如此重要，并不只是为了证明你不是个冷血的人（尽管这是一个很好的理由）。表达你的认同可以有效减少对方对紧急性的感知。它可以使人冷静，以便做出更好的决定。相反，表示怀疑或轻视他人的忧虑可能会加剧这种担忧。

在客户服务中，认同能快速减少客户的紧迫性感知，其力量非常直观。你能回忆起最近在商店、餐馆或咖啡店抱怨某个事物的经历吗？第一个听到的人对你是如何回应的，你的感受又是怎样的？如果你的担心很快得到认可，你就很可能会对结果感到满意。如果你的观点受到质疑或被贬低，那么这家店失去顾客的概率就会高得多。

星巴克教导员工用"LATTE[①]法"来处理顾客问题。LATTE是首字母缩略词，L代表"倾听"，A代表"承认"。

[①] LATTE，本义为拿铁咖啡。——译者注

这两个步骤排在代表"采取行动"的T的前面。简单来说就是：处理投诉的第一步不是解决问题，而是要正确地沟通。（因此我不会"话只说一半的"，第二个T是提醒你要"谢谢顾客"，而E则是让你"鼓励"顾客说出任何其他的担忧。）

对"我们昨天就需要这个了"这样的大呼小叫，尽管做出草率的反应并不明智，但对它们置之不理也无济于事。认识到紧急情况背后的担忧，往往是减少紧急情况并开始思索行动策略的最佳方法。

匆忙行动容易陷入僵局

紧急情况可能不会让人感觉陷入僵局，因为它需要人来采取行动。然而，如果"立马行动的需要"让我们只剩下糟糕的选择，那我们就陷入了僵局。行动并不等于朝着目标前进。在做出任何决定或采取任何行动来解决紧迫的问题前，我们可以问一些基本的问题。

· 真正的问题在哪儿？紧迫性给我们展现出了即刻的需要，但这可能不是最大的需要。即使在紧急情况下需要采取行动——比如需要救火的时候，无论是字面意思或比喻上的火——问题的根源也可能是别的东西。孩子讨厌乐队，可能是由于另一个同学对她很不友好；客户说要离开，可能是出于自身的预算压力；公司里人手不足，可能是因为开出的工资太低，招不到合适的人才。最初陈述的问题并不总是需要解决的最重要的问题。

·**这是你的问题吗？** 当你了解真正的问题后，重要的是要想到底谁应该对这个问题负责。不开心的客户或配偶都是让我们反省的好机会，但这并不意味着一定有什么需要我们改进的。在承担可能属于他人的问题时，极富同理心兼解决问题型的人需要特别谨慎。

·**行动有助于解决问题吗？**"你不能在车停着的时候开车"，我最喜欢用这句话来反驳别人的催促。"别光在那傻站着，干点什么吧。"这种说法其实并没什么价值，它只是显示出对外在行为的偏袒，这是很自然的：当着手行动时，我们会觉得自己在做一些有用的事情。然而，如果我们强迫自己对没有用的事情采取行动，这些意在鼓励的话语可能就会变成昂贵的说辞。

确定"真正的问题，谁应该对它负责，以及采取行动是否会有用"，这可能得花点时间。不过，我们应该提醒自己，如果现在不花点时间把问题想清楚，将来我们的时间可能会更少。

"我们昨天就需要这个了"这句话的关键在于主观上感到时间不够，正如"我们现在忙得不可开交，没空处理那件事"

这句话所体现的一样。上一章里的那句昂贵的说辞让我们推迟行动，而这句话则可能会让我们行动得过快。在这种思维方式妨碍我们成功之前，可以先确认一下，到底这种紧迫性是真实合理的，还是我们其实还有充分的时间。

核实紧迫性的四个问题

和大多数昂贵的说辞一样，"我们忙得不可开交"只是在抽象意义上才最有说服力。用具体的情况来回答下述四个问题，将揭示我们现在是否真的需要做些什么，或者最好再等一等。

问题1：到底是谁定的最后期限？

我们日历上和脑海里的时间表总是来源于某个地方。记住时间限制的来源可以帮助我们确定它的合理性有多高。

我年轻时，想要在特定的年龄之前成家。那一年来了又去，而我依然孑然一身。生活还在继续，谢天谢地，在这个人生最重要的舞台上，我没有屈服于虚假的紧迫感——没有和不合适的人结婚。（当然，我还是结婚了，不是吗？）

当质疑紧急性时，首先要搞清楚时间限制是从哪儿来的。是对另一方做出的承诺吗？是否存在外部事项或依赖关系？是某个人在电子邮件中猜测性地一说？或者，这个期限只是来自我们对正确时机的内心感觉？

- 如果妈妈在28岁时生了第一个孩子，那么我们也应该这样，对吧？
- 文斯叔叔本科一毕业就去了商学院，因此这难道不是去商学院的最好时机吗？
- 上一次产品发布花了8个星期；这次不应该也一样吗？
- 副总裁提到过我们要在本月启动该项目，因此我们必须这么做，是吗？

有时候，只要确定了最后期限的来源，心里就会释然了，因为我们将意识到，自己的时间限制不是死的，很容易改变。即使最后期限合理有效，了解它的来源也能让我们进一步对它进行分析。

问题2：等待可以带来什么？

除非有合理的理由推迟，否则最好马上开始。然而，如果带着特定的目的，那么等待通常可以改善决策。以下是一些暂停的合理理由：

- **信息收集**——如果我们正在收集数据或正在咨询他人意见，那么延期能让我们更好地进行决策。对于时间限制和信息应该有明确的期望，"咱们明天来和客户谈谈，证实一下系统速度就是他们离开的真正原因"或"下周收到测试结果时，我们就能得知更多情况了"。

·让他人行动 ——如果并不十分清楚问题的责任所在，可以观察其他人是如何应对这一情况的。比如"在提出投诉之前，让我们看看他们是否宣布了一项政策变化"或"咱们的客户可能认为这是他们自己的问题，因此我们在采取行动之前给他们一些时间来回应吧"。

·期待更多选择 ——未来出现的方案可能更适合于解决这个问题。如果更好的技术或更厉害的专家很快能到，那么达成良好结果的最快途径可能是一个短时间的等待，"在建立替代方案之前，我们来看看新发布的软件能不能兼容"或"下周新上任的经理可能是负责这个项目的最佳人选"。

还有一种可能是，在你等待时，扑面而来的紧急问题自己消失不见了。不过，真正的问题往往无法自行解决，而且单纯希望事情会好转，并因此推迟行动，并不是一个上佳的对策。当然，如果情形可能出现重大改变时，这个理由就会更加有力。

问题3：需要多长时间才能扭转乾坤？

当"我们昨天就需要这个了"成为团队的主流情绪时，哪怕仅仅暗示一下延迟，都可能被认为是对大家的背叛。

不过，延迟一个小时、一个星期还是一年，当中肯定是有区别的。在你得出不能推迟的结论之前，考虑一下，是否有可能推迟一段时间。

确定能推迟多久时，最好加上一个时间表：

· 什么时候能得到更多的信息？

· 其他人什么时候可能采取行动？为了等待他们采取行动，我们愿意停止多久？

· 什么时候能有更多的选择？

· 在什么情况下，我们就不必再采取行动了？合理推断一下，这种情况什么时候会发生呢？

问题4：如果推迟，代价几何？

在间谍电影中，紧迫性背后隐含的威胁是"造成破坏"。对于热衷电视剧《24小时》的观众来说，其脑海中经常回响起杰克·鲍尔（Jack Bauer）发出的命令："该死，克洛伊，我现在就需要它！"如果完不成这项任务，就意味着炸弹会爆炸，无辜的人会死亡。

急救员、医疗工作者、法律工作者和情报人员在他们的工作过程中可能会面临生死攸关的紧急情况。对于大多数普通人来说，推迟的风险性会低一些。因此，大家可以假设一些事情延期的情况：项目延期了两周；新员工7月份才能入职,而不是5月份;午餐会要到下个月才举行。这些将会如何影响成本和结果呢?

了解推迟真正的代价,我们就能把它与行动过快的代价进行权衡。

根源:紧迫性的本质就是恐惧

我们把病人送到急诊中心或急救室,是因为担心如果不及时接受治疗,他们的病情可能会恶化。的确,紧迫感往往就是由恐惧产生的。有时候,匆忙采取行动完全没毛病——尤其是当一个人的健康或安全受到威胁时。然而,在其他情况下,我们可能会被"恐惧"(FEAR)这个古老的首字母缩略词所误导:看似(A)真实(R)的虚假(F)证据(E)。

无论这种风险是真实的还是假想的,恐惧都会通过放大我们想要避免的事情来扭曲决策。就像其他的情感或偏见一样,想彻底消除恐惧是不现实的。目标首先应该是辨别出恐惧是否在驱使着我们,然后再确定我们所恐惧的是什么以及我们为什么恐惧。这样,我们也许就能理性地分析可能发生的消极结果,以更好地进行决策。

在职业生涯的早期,我与一位导师谈到可能要跳槽的事。他问我:"你是在追求什么,还是在逃避什么?"这个问题直接击中了我跳槽动机的核心,并迫使我仔细考虑。当无法清楚地解释某一行为时,我们更有可能是在被恐惧驱使着。

了解一些最常见的会产生紧迫感的恐惧类型,会对我们有所帮助。

· **害怕失去**。如果感觉到,自己可能会损失一位客户、蒙受经济损失、无法使用一种工具或失去一段很享受的恋情,对失去的恐惧就会刺激我们迅速采取行动。即使这样东西我们还未拥有,对失去的恐惧也会同样强烈:一位可能会接受另一份工作的应聘者,明天结束的促销活动,或争取到一笔大生意的机会。

· **害怕错过**。它有个朗朗上口的专有缩略词:FOMO。它通常发生在社交媒体上,但我相信这种形式的压力一样会出现在团队中。一些公司的领导者不得不使用特定的技术、参加受人重视的行业活动、争取某种类型的客户或采取一些其他的紧急行动来保持竞争力或维持理想的"人设"。如果没有明确的损失发生,那么恐惧可能是由担心"错过"一些有价值的东西所引发的。

· **害怕让别人失望**。取悦型人格的人经常陷入紧急的泥潭,因为他们不想让别人失望。值得注意的是,"别人"可能在这个人的生活中很重要（配偶、老板或者父母），也可能是他们从未见过的人（比如公开演讲时的观众，或是线上网友）。这种恐惧可能表现为怯场，或对准备不足及信誉扫地的恐惧。

这些恐惧中的任何一种都可以是合理的。合理的恐惧有助于我们集中精力关注真正的危害或风险，激励我们更加努力地工作。然而，尽可能明确地辨别出恐惧总是有好处的。不明确的恐惧往往会变得过于强烈，并以不合时宜的紧迫性影响我们的判断。

战略耐心：等待的好处

速度是一种认知上的概念。你可能听过一只蜗牛被两只乌龟抢劫了的故事。警察找蜗牛录口供，这只蜗牛受害者却被难住了："天啊，那一切发生得太快了……"

反复发生的紧迫感可能意味着，人们更倾向短期思维。你的团队是着眼于本月目标，还是更加关注未来5年的计划？领导力既需要有长期角度的思考，也需要短期的行动。如果一个团队了解全局，对长期发展方向充满信心，那么错误的紧急情况就不太可能会破坏决策。另一方面，如果每个人都认为公司的未来取决于本月的销售情况，那么紧迫感就更可能会占据上风。

"快速打开市场"和"先动优势"表明了快速行动的重要性。然而,尽管第一个进入某一领域的人有时确实会有优势,但开拓者的道路往往充满艰辛。"流血前沿"[①]一词经常用来描述某些公司和产品,它们在某一领域处于领先地位,但并未取得商业成功(经济上的损失构成了"流血")。历史上有很多先驱者在后来者居上时遭遇失败的例子。下面这些例子大家可能比较熟悉:

· 善胃得(Zantac)并不是第一款有效治疗胃溃疡的药物,但与市场其他药物相比,它的副作用更少,因此它成了世界上最畅销的处方药。

· 发明MP3播放器的并不是苹果公司,但后者改进了这一产品,并用iPod占据了这一品类中的领先地位。

· 谷歌进入的搜索引擎领域是一片红海市场,但它最终超越了其他所有的搜索引擎。

当一项新技术或新概念进入市场时,可能需要很长一

---

① 原文为bleeding edge,一般译为前沿,但不能很好地表达其本意。——译者注

段时间才能得到广泛接受并取得大规模销量,继而实现盈利。相比之下,后来者具有明显的优势。他们不需要就"他们的产品是什么"对消费者进行教育,可以避免其他公司所犯的错误,还可以直接利用新技术而无须从过时的生产方式中转型。如果我们的紧迫感来自"想成为第一个吃螃蟹的人",那么请记住,后来的人往往能吃得更开心。

实践:明智应对"我们昨天就需要这个了"的说辞

让我们学习一下示范性话术、谈话主题和一些方法,以减轻错误的紧急情况给你的团队造成的影响。

直接回应

下次你听到"我们昨天就需要这个了"或"我们现在就必须行动"时,用下面的这些话术和你的团队进行讨论:

这个可能会有用,但我们不能太赶。咱们以前没有,现在也没有,而且目前应付得还不错。我不是说我反对这个,但我反对在不走常规流程的情况下进入这一领域。

我是支持你的；咱们似乎确实很需要这个产品。不过，再多等两周的实际成本是多少呢？可以研究一下其他的解决方案，确保我们拿到的是合适的价格。这又会花掉我们多少时间，让我们错失多少机会呢？

我们不想莫名其妙地拖延一个决定，但假如稍微放慢一点节奏，我们是否能得到更多的信息？如果事情朝着明确的方向发展，我们是否有可能根本不需要这个？

稍微缓一缓吧；大家都懂的，自己在匆忙中并不总能做出最好的决定。

小组讨论

越想快，往往越会产生相反的效果。我们都熟悉这个原则，并且有很多种方法来表达这个意思。你上次在团队中听到这样的表达是什么时候呢？

欲速则不达。
捷径是最远的路。
三思而后行。
慢即是稳，稳即是快。
正确的方法就是快速的方法。

其他耳熟能详的警告也提醒我们，应急方案只是权宜之计，快速减肥无法长久维持，能立即解决棘手问题的灵丹妙药同样只是传说。你的团队相信这些警示语吗？这些警告什么时候是正确的，什么时候又是错误的呢？追问这些问题也许能让你的团队辨别出错误的紧急情况：

· "在团队中，我们在什么情况下需要迅速采取行动，而在什么情况下谨慎行动则更为合适？"

· "咱们来回想一下，去年做过的一些决定：招聘员工、与供应商合作、新项目上马、对客户的答复。决策过程怎样？我们的行动是否太快或太草率？"

· "咱们有没有欲速不达的情况？"

· "团队害怕什么？竞争对手？缺乏资金？这些恐惧对我们有什么好处呢？它们在怎样用消极的方式影响着我们的决策呢？"

杜绝错误紧迫感的方法

不要勉强接受诸如"我们现在就必须行动"或"我们等不起了"这样含糊而昂贵的说辞，你可以弄清楚紧急的原因，并估算出等待的实际成本。

方法1：写下等待可能造成的影响

只要写下延迟会产生的影响，我们就能明确紧急性的来源。用一个简单的要点列表，用"也许"或"将"作为每一条的开头，以此显示结果是否确定。积极和消极的结果都要包含在内。句子可能会是这样的：如果我们本周内不决定好我们的市场营销服务机构，我们……

- 也许能找到一家更好的合作伙伴，还能多省点钱。
- 将无法从本月开始进行秋季宣传活动。
- 也许拿不到我们想要的广告位。

把任何问题变成白纸黑字往往会让它看起来更容易应付。只要短短几分钟，延迟可能产生的收益和成本都将变得更加明了。

方法2：用预计价值确定等待的成本

评估等待成本的一个很好用的工具就是预计价值计算。它由三个部分组成：

- 任何可能由延迟引起的负面结果。
- 发生负面结果的可能性。
- 负面结果的成本。

人们不喜欢等待，因为有可能发生不好的事情。这一方法则是用一种结构化的形式来回答：什么不好的事情可能发生？它们发生的可能性有多大？它们会有多不好？

为了说明这一点，咱们来过一遍前文的案例，即客户因为软件速度太慢而说要离开你们公司。我们假设团队认同提升系统速度的必要性，但当一些人说"我们现在就必须行动"时——也许是与认识的供应商合作或增加网络容量的产品——其他团队成员则建议货比三家，考虑其他的解决方案。

确定等待成本的第一步是列出可能发生的负面结果。在集思广益之后，团队一致同意以下几点：

- 公司可能会失去该客户。
- 基于同样的原因，公司可能会损失另一位客户。
- 速度缓慢的软件可能会让潜在客户望而却步。

下一步是确定每种情况发生的概率。在这个例子里，我们假设客户很认真，如果团队不立即采取行动，他离开的可能性为50%；还没发出声明的客户离开的可能性较小，因此团队将这一可能性定为20%。最后，团队承认，潜在客户可能会因为竞争对手的软件速度更快而选择他们，但该因素对购买决策的影响很有限，因此可能性确定为

10%。这样，我们确定了三种可能出现的情况及各自发生的概率：

1. 客户 A 离开　　　　　50%
2. 另一位客户离开　　　20%
3. 潜在客户不买　　　　10%

第三步是为每种情况确定它的成本。这个例子很简单，因为每种结果要么得到一个客户，要么失去一个客户，并且我们假设每个客户每年为公司带来 1 万美元的利润。接着，我们就可以得出每一项负面影响的预计成本：

1. 客户 A 离开　　　　　50% × \$10,000 = \$5,000
2. 另一位客户离开　　　20% × \$10,000 = \$2,000
3. 潜在客户不买　　　　10% × \$10,000 = \$1,000

各种情况是相互独立的——也就是说它们可能发生且任何一件事的发生都不会影响到另两件事发生与否，因此将这三个值相加可以求出等待的预计价值。在本例中，这个数字是 8000 美元。

现在已经将等待的成本确定为一个可以解释说明的数字，我们的决策力就好了不少。如果由"马上行动"一方推动的补救措施要花费 10 万美元，而那些说"不着急慢慢来"的人认为可以货比三家，在解决方案上至少节省

20%，只要将预计节省的成本（2万美元）与等待的成本（8000美元）进行比较，答案就一目了然了。

每向具体化迈进一步，你就更有可能抛开恐惧和紧迫感，基于理性和现实做出决定。

迷思二

与众不同

在金融界，有句话被公认为"最危险"。它并不是一句让人买进或卖出的箴言，不是炒股小窍门，不是一夜暴富的点子，也没提到任何市场或商品。它只有短短的几个字：

这次不一样了。

这些字眼听上去也许无害，但专业人士和历史学家一致认为，这句话背后的观念导致了无数次的金融风暴和市场动荡。卡门·莱因哈特（Carmen Reinhart）和肯尼斯·罗格夫（Kenneth Rogoff）在《这次不一样》（*This Time Is Different*）一书中，审视了"八个世纪以来的金融荒唐事"：银行业恐慌、政府违约以及大规模通胀周期。这本书里写道，在重大危机发生之前——包括最近的一次，很多人都认可这句危险而昂贵的说辞：这次不一样了。

为什么"不一样"会如此危险呢？如果情况和以前不同，那么过去的经验教训就不适用了。投资者们有权放弃经过时间验证的原则。人们的行动失去了理性，表现得好像未来会不符合历史经验和已证实的市场规律一样。当足够多的金融决策者都走上这条轻率鲁莽的不归路时，世界经济可能就会被搅得一团乱。

相信"这次不一样了"的危险在宏观经济学之外同样存在。在本节中，我们会研究一种同样有害的类似理念：认为某人或某事"与众不同"。

"与众不同"特指那些稀少而有价值的东西。然而，就像"这次不一样了"这句话一样，特殊的称呼会使得我们将在普通情况下指导普通人的原则搁置一边。**如果有人被认为高人一等或与他人不同，他就可以不受普世标准的约束。无论我们将这些例外用在他人还是自己身上，它们都会带来风险和损失。**

你是与众不同的吗？你和一些与众不同的人共事吗？你所面临的环境和其他人所遇到的都不同吗？

"与众不同"的迷思在我们的周围到处都是，使我们每天的生活中充斥着各种可能的例外和豁免。在这儿，我们将研究三个最危险的迷思：

- "我们不一样。"
- "我们信任他们。"
- "这就是我们做事的一贯风格。"

"我们不一样"将具有独特性的现实扭曲成一种迷思，以表明规则不适用，或此刻的环境束缚了个人或团队的手脚。

"我们信任他们"所表达的本意是好的，但有可能导致轻率，甚至是灾难性的后果。

"这就是我们做事的一贯风格"则微妙地宣称了过去的方式就是最好的方式，并让自己的行为免于受到批判性评估。我们来看看，即使在没有人大声将它说出来的情况下，这个迷思是如何严重损害一个团队的。

"与众不同"的迷思相当狡猾，它玩弄着我们合理的要求和希望。在很多人的意识中，"与众不同"是一种优秀的品质。的确，"与众不同"有时能帮助我们取得成功。然而，当"与众不同"的标签被误用时，它会使我们孤立，把我们的思维禁锢。

让我们确保"与众不同"这样的昂贵的说辞远离我们的生活。

说辞 4

"我们不一样"

"那个对我们没用。"

"如果我们能那样做就好了,但是我们不能,因为……"

"我有我自己的做事方法。"

"那个永远不会发生在我们身上。"

你的妈妈告诉过你,你很特别吗?

别担心,我不是要找妈妈的碴,你当然很特别。你是一个独一无二的人。没有任何人像你一样。

既然就这个问题已经达成了一致,咱们来考虑一些别的事实。你必须像其他人一样遵守规则,适用于他人的原则也适用于你。在这些方面,你真的没有那么特别。

独一无二的现实和泯然众人的现实之间有一个平衡。当一个人失去了这种平衡并开始独断专行时,就会产生各种各样的问题,从轻微无害的自私或自我否认,到肆无忌惮地自以为是或者自恋。

团队也面临着同样的双重现实。每个团队都是个体的集合，而每个个体都是独一无二的。凭借团队中的人员以及他们共事的方式，团队就具有了特定的优势和价值。在实现目标的过程中，团队也可能会面临特定的环境或挑战。

然而，强调团队的独特性可能会引发问题。相信"我们不一样"常常会让团队蒙蔽双眼，不去放眼四周，也意味着标准规则不再适用，同时还是低效工作的"许可证"。我们可以修改投资领域的"这次不一样了"这句危险的话，并发现"这个团队与众不同"也会产生风险和代价。

大多数人都曾在工作时遇到过这种令人头疼的问题，即一个人或一个团队会认为自己与众不同：

- 你的公司里有一个部门拒绝使用新的企业软件，因为"这个软件不适合他们"。
- 一位销售人员不按照老板想要的方式跟进业务，因为他有他自己的方法。
- 一位副总裁不按制度招标，而是花高价钱直接完成采购，原因是她的要求比较特殊。
- 一位经理对外部顾问提供的培训不屑一顾，因为"他们不了解我们这一行"。

这些自我标榜的特例可能会让人花冤枉钱，而且还会降低工作效率。其他团队成员可能会讨厌这些人，他们也许想说："怎么回事，哥们儿？你认为你很特别是吗？"这个问题还是需要回家问妈妈。

差异化：利与弊非常明显的经营方式

妈妈的话是有一定道理的。这并不只是说凡人皆有其用处，尽管这个事实千真万确。妈妈可能是明白，只要理解并接纳独特，任何人都能为世界做出自己最大的贡献。

差异化的重要性已经在商业中得到了广泛的证明。"与众不同"是一种创新的方式，让其能够引人注目。然而，与此同时，在某些方面追随大流则有可能更好。

案例："很特别"的酷食热三明治

你有没有吃过酷食热（Quiznos）[①]的三明治？他们家的三明治很好吃，但现在想找到它们比以前更难了。

[①] Quiznos，国外著名三明治连锁餐厅品牌，台湾地区翻译为"酷食热"，此处也沿用该译法。——译者注

酷食热从美国科罗拉多州起家，由一位厨师创办，正是他发明了美味的热烤三明治的食谱。20世纪90年代，酷食热开始了它激进的特许经营计划，2007年共有5000多家门店开业。这样的增长使酷食热跻身全球最热门的连锁餐厅之列。然而好景不长，几年后，酷食热关闭了3000多家门店，并于2014年被迫宣布破产。酷食热的兴衰故事说明，"与众不同"恰如水，既可载舟亦可覆舟。

正是特殊风味的三明治助力了酷食热的成长。它因为有别于其他三明治的风味而得到了大批粉丝的青睐。酷食热特别的名字和新颖的造型吸引了很多顾客，他们喜爱这种新出现的快餐。"与众不同"是酷食热成功的关键。

然而，该公司的经营方式中也出现了一种"特殊风味"。酷食热的管理层似乎认为自己与其他类似的企业不同。尽管采用半个世纪以来很成功的快餐连锁方式让自己获益匪浅，但酷食热在特许经营方面并没有采取其中最佳的做法。他们要求加盟商以高于市场的价格从他们那里采购食品和物料；管理层在未经门店批准情况下，推出了一项100万份免费三明治的推广活动，而许多门店却拒绝承兑这些优惠券。该公司总部还涉嫌对其加盟商隐瞒财务信息；其旗下加盟商经营失败的比率达到了赛百味（Subway）门店的四倍。

这些门店面临的另一个问题就是定价。酷食热三明治定位高端，定价高于竞争对手的潜艇堡。因为他们的三明治"很特别"，酷食热的领导层确信他们的顾客愿意付更多的钱。事实证明，这种定价理念变成了一种负担，尤其是在2008—2009年的经济衰退期间。其他的连锁餐厅也做出了回应。赛百味在自己一个加盟商的建议下，开始供应一种售价5美元、长达一英尺的三明治，这成为其巨大的增长动力，吸引了无数注重性价比的顾客。

与此同时，竞争本身也在与时俱进。酷食热在营销活动中强调他们的三明治"烤得好"完全在理，因为这确实与众不同，但他们似乎并没有想到，其他三明治连锁店也能买来烤面包机。当烘烤潜艇堡开始出现在赛百味、Potbellys、Firehouse Subs[①]和其他连锁餐厅时，酷食热的关键性特色就不再那么特别了。

酷食热的传奇故事说明，"与众不同"会以某些形式助你一臂之力，也能以其他的形式对你造成伤害。尽管酷食热试图进行差异定位，以期击败竞争对手，但如果他们多效仿一下别的特许经营餐厅的成功做法，其结局可能会更好一些。"与众不同"就像一团火：可控的时候，它就为

---

① Potbellys 和 Firehouse Subs 都是美国三明治连锁餐厅品牌。——译者注

烹饪和取暖提供能量。不可控的时候，就会把房子烧毁。关键在于要注意火炉的边界，并保持它的"与众不同"。

独特很容易走向孤立

毫无疑问，每个人都是独一无二的，每个公司也是独一无二的。因此，造成问题的不是独特性的现实，而是如何让独特性塑造我们的思想和行动。很多人认为自己的处境与他人的没有任何有意义的联系或相似之处，这很自然会形成一个结论：他人不理解自己。这就导致了其隔绝、孤立的状态。

孤立隔绝是很危险的。在精神疾病中，它可以表现为自恋或救世主情结。我们知道历史上当一些人认为自己的种族在某种程度上高于其他民族时，就会催生欺凌的企图。这些例子比较极端，但它们表明了当人类将自己与他人隔绝开时，随之产生的不良影响。

即便没有这么严重，孤立也会偷走帮助我们成功的实际好处。不特立独行的乐趣之一，就是你能向超越你的人学习。如果你的目标是更好地学习数学、烤一个复杂的点心，或学一首吉他独奏曲，你就能通过学习各自领域专家的经验来进行提高。

反过来说，如果你认为要走的路前无古人，那么这条路上就没有人比你走得更远。这可能会阻碍你发现学习和成长的机会。上一次你听到有人声称自己"与众不同"时，他的这一说法是否是为自己找借口呢？这有可能是：

- 不采用最佳方法或新技术的理由。
- 拒绝可能有用的外部建议。
- 为某件事做不好或改进不了而进行辩护。
- 服务质量很差的借口。
- 不情愿承认竞争威胁的存在。

任何声称"他们不懂我们这一行""这个在这儿行不通"或"那个不会发生在我们身上"的说法，背后可能都是一个故步自封或害怕改变的团队。这样的团队最后很可能会落伍。

复杂性会大幅提高成本

除了有孤立和停滞的风险以外，还有一些现实情况也能使"与众不同"付出高昂代价。对于工作和日常生活中最普通的做事原则而言，这些都息息相关。

如果曾经为好几个孩子准备过带去学校的午餐，你就会懂得复杂性会增加成本。做两份（或者三份、四份）一模一样的午餐，这并不难。然而，如果一个孩子想要花生酱和蜂蜜，另一个只吃草莓果酱，还有一个吃黄瓜必须要削皮，而第四个小孩完全不吃胡萝卜，这事就得另说了。特殊要求的情况使得成本大幅增加，因为父母必须满足如下要求：

- 记住不同的要求。
- 随时储备更多的食物。
- 花更多的准备时间从冰箱里把额外的食材取出来。
- 再花更多的时间来准备食物。
- 负责把每份午餐装在对应的午餐袋里。

启动成本与增量成本

这里起作用的两个经济学原理是启动成本和增量成本。任何像制作花生酱和果酱三明治这样简单的任务，都会需要一些准备工作：你需要在台面上清出一块地方，拿出刀和勺子，把食材从储藏室里拿出来。实际上，在这之前，你还得到市场上购买原材料，还要学习如何制作这种三明治。这些都是启动成本。

如果想多做几个花生酱三明治，我们就不再需要额外的启动成本了——只要拿起面包涂上酱就行了。我们可能会付出增量成本，即用更多食材制作更多三明治要花的时间，仅此而已。事实上，直觉也能告诉我们，做五六个三明治不会比只做一个三明治花费的时间多很多，只要做的是同一种三明治就行。

然而，如果想换个方向，做一份火鸡三明治，那我们就必须在高效制作花生酱三明治的道路上及时停止。清理台面，拿出没用过的餐具，从冰箱里拿出不同的食材，使用别的方法。这些都是新的启动成本。

几乎所有活动都包含操作成本和启动成本，它们的占比取决于任务的复杂性、人工成本、材料成本以及活动进行的次数。定制10件马球衫的话，每件成本可能只要定制单件马球衫的一半，原因不在于所需的布料，而在于启动成本。理论上讲，我们总是希望启动成本能最小化，因为它本质上是非生产性的。也许有一天，我的孩子们愿意每天吃同样的午餐，因为他们理解了这背后坚实的经济学原理。

当然，对于许多活动来说，个性化和高质量可能要比成本更为重要。不过，在某些方面，标准的制度、方法和工具必定能使成本和风险大大降低。

简约性的节约性：西南航空的例子

复杂会增加成本，相应地，简化就能带来节约。美国西南航空公司是过去50年来伟大的商业传奇之一。有趣的文化，促使旅客改变出行习惯的吸引力，对二线机场的着力关注，这些都让西南航空成了万众瞩目的焦点。然而，虽然西南航空几十年来保持着赢利，但其他同行公司并不赚钱，引发这种差别的重要原因就在于运作上的简约化。

从创立时起，西南航空就只选用一种机型：波音737。虽然竞争对手可能会使用许多不同类型的飞机来适应不同航线的长度和航班频次，但西南航空就只用一种飞机。只使用一种飞机似乎微不足道，但产生了极大的经济效益：

·西南航空的飞行员只需接受一种飞机型号的驾驶培训，因此减少了培训时间和培训成本。

·西南航空的乘务员总是能很快熟悉飞机的布局。

·在两次飞行间打扫飞机的清洁人员了解东西的确切位置，而且几乎不会遇到什么变化。对行李搬运工来说也是一样。

这些便利结合在一起，便节省了大量的工时。

减少例外：Capital One 的邮件服务中心

声称"我们不一样"的团队还会提出例外。"你的流程和系统可能对其他人有用，但在我们这儿不管用。"也许例外有其正当理由。不过，很显然，例外会增加额外的启动成本及其他成本。

几年前，我参观了 Capital One① 的邮件服务中心，这家公司当时是美国最大的大宗邮件服务提供商，负责处理 Capital One 所有的应收款。（该公司的一位高管告诉我，Capital One 占了美国当年所有邮件的 13%。我没法证实这个数字，如果你还记得 20 世纪 90 年代末的邮箱，那么你可能会觉得这个数字八九不离十。）

邮件服务中心的经理介绍说，他把自己的工作看作是"永远在生成子集"。他的团队会把所有的来信归为特定的类别，并为每个类别创建一个流程。当一封信无法归入一个明确类别时，它就被标记为异常。这些异常信件会被重新检查，看看从中是否分出了新类别。然后，这一类别又会被分派一个指定流程。随着他们不断地进行"子集创建"，无法归入明确类别的数量也在不断减少，因此，一批 5 万封堆得像山一样的信件中只会有屈指可数的几封异常信件。

他们为什么要在这个过程上花费这么多时间？因为按照他们所处理的数量级来说，处理每封异常信件的成本都极高。任何"与众不同"的来信都将使得团队中断快如闪电的操作，并花时间思考推进工作的办法。

Capital One 的处理方法与我在另一家金融服务企业

---

① Capital One，美国最大的金融集团之一。——译者注

（我在这里就不点名了）所看到的情况形成了鲜明对比。这家公司运营着一个呼叫中心，在这里，大量的信贷员向申请人批准或拒绝发放贷款。这些放贷决定是如何做出的？这是个好问题。

我和团队的任务是帮助公司降低其在放贷决策过程中所使用的信用报告、法庭记录及其他信息来源的开销。在研究需要哪些内容产品时，我们发现，信贷员使用的内容范围很广。不同的内容产品都会被用到，因为不同的信贷员会用不同的方式考量放贷。一些信贷员几乎只看信用评分和工资收入；另一些则调查了工作经历及交通肇事信息；还有一些人会考虑房租和信用卡的支付情况。

这种"各行其道"的方法意味着：如果我打电话去申请贷款，和我谈话的是乔治，他可能会遵循自己的流程，并认为不值得为我冒这个风险。如果我改天打电话去，接线的是露易丝，她则会考虑别的信息，并批准我的贷款。

这家银行在信息成本上的支出超过了实际所需——这仅仅是花钱的开始。

分散化的决策过程增加了处理每个申请的时间和变数。银行的代表们只能进行主观判断，而不是遵循严格的标准和流程，这种做法极大地增加了风险，不仅仅是发放不良贷款的商业风险，更是提供不公平贷款决策的法律风险，因为这些决策并非出自统一的流程。在这种情况下，一名信贷员说着"我做事风格有点不一样",可能会导致公司被起诉,甚至可能导致公司的倒闭。

战略意义:差异化什么时候会有用

看到这儿,一些读者可能会怀疑,这个作者心中的乌托邦是不是一个千篇一律的世界,一个毫无多样性的机械化的"天堂"。当然不是了!这一节的重点不是反对多样性和差异化,而是充分考虑伴随例外的代价和风险。

在有些地方,"与众不同"即便不是必需的,也是很有用的。事实上,一个组织的一些最基本和最重要的方面,在很大程度上是由它的独特性构成的。以下这些领域就可以容纳恰当的差异性:

· 一个独具特色的品牌。如果市场无法把你和竞争对手区分开来,这就不好了。如果客户知道你代表着什么,并有特定的理由选用你的产品,那么你的品牌的独特性就是恰到好处的。警告:如果你的品牌没有超越你的产品,那么提供类似产品的竞争对手就可能会击败你的品牌。(当年酷食热斥巨资做了一个广告,其宣传口号是"嗯……烤得好香",这很可能会让观众对另一家三明治店的热三明治垂涎三尺。)

· 一个独树一帜的战略。如果你的计划是要做你所在领域的其他人都在做的事情——而且做得只是稍微好一点点，那么你就不算真的有战略。最好的战略应该利用你与众不同的地方，制订一个让竞争对手无法轻易模仿的计划，以此来取得成功。一个独树一帜的战略可以让你拥有自己的地盘，而不是要去和别人共享山头。

• 一个属于你自己的文化。成功的最佳途径之一，就是让你团队中的人认同并贯彻你的品牌理念和策略。当一个组织的文化足够强大，能够吸引到合适的人，并且一目了然地判断哪些人不合适时，招聘一支全明星队伍就会变得更容易。（下一节我们将着重讨论文化。）

• 一支多样化的团队。优秀的团队有明确的目标、价值观统一的强大文化，以及具有不同背景和观点的人。对于迷信"我们不一样"的消极后果，最好的解决方法之一就是让来自不同背景的人参与进来，鼓励他们去质疑假设。

品牌、战略、文化和团队可以一起协同工作、发挥作用，取得成功。有很多关于这些主题的好书，也有一些值得注意的例子，一些公司通过在这些方面的"与众不同"引领了其所在行业。然而，没有一个成功故事中的"与众不同"是随随便便的；这些"与众不同"与团队协同一致，推动了各自目标的前进。

"我们不一样"这句狡猾的昂贵的说辞也有一定的道

理。我们必须要识别并留住"好的不同",同时根除"坏的不同"。

当一位首席执行官自夸"让我们与众不同的是我们的员工"时,他并不是在为一群格格不入、牢骚满腹的人打广告。公司不遗余力地建立独特的文化,吸引特定类型的人才,使他们成为各自行业的佼佼者。这些领头羊们不仅是抽象意义上的"聪明人"而且是融入该公司文化、执行公司发展策略的最佳人选。

看看丽思·卡尔顿酒店如何重视客户服务,太阳马戏团如何激发艺术创意,谷歌如何吸引天才级的创新者。差异化团队文化的"差异"是有意义的、积极的,这些差异会体现到公司的策略上,常常将公司与同行业的其他公司区分开来。

想象一下,一位出于好意的人力资源主管提议为太阳马戏团启用一种新型的全球计时卡体系。或者,为了减少成本,丽思·卡尔顿的首席财务官将员工自主津贴削减了一半——这些著名津贴是为满足客户要求而发放的。或者,新上任的首席运营官要求谷歌的员工减少沟通协作的时间,这样他们就能更有效率地完成工作。

这些建议中的任何一条都可能被合理地拒绝,理由是"在我们这儿不能这么做……我们不一样"。虽然其他公司可能合理地通过这些措施省钱,但对丽思·卡尔顿、太阳马戏团和谷歌来说，这些措施绝对是错误的。为什么是错的呢？因为它们会对构筑这些公司差异化竞争力的品质造成破坏。

这些例子其实是在强调，了解在哪些领域"与众不同"对你的团队具有战略意义，这件事十分重要。**任何的差异化都可能是有益的，而且它应该能引发你的思考：你的"与众不同"之处，存在于自己正在引领市场的领域，还是暴露在一个自己正落后的领域？**

同样值得一问的是，你的不同之处是否被允许或是否可行。在美式足球中，有强调防守的球队，也有强调短传进攻的球队，还有以跑动为主的球队。与此同时，没有球队可以不遵守比赛规则或越过赛场的边界。这些约束条件对所有团队来说都是完全相同的，即便一支队伍的文化再独特，身份再特殊，也不可能改变这些规则而不会受到处罚。

任何公司都受制于自己无法控制、无法改变的力量。这些规则可能是市场波动、季节性、法规、创新，也可能来自新竞争对手的压力。无论有多么不同，在面对这些力量时，你都是手无寸铁的。为了取得成功，你必须重视它们并做出相应的计划。

脱轨："与众不同"的两种极端情况

当"与众不同"偏离正轨时，它的方向会有两种。有时候，过度增长的独特性会把独特的优势变成自大和对竞争威胁的否认。另一些时候，"与众不同"这种感觉的根源恰恰是傲慢自大的对立面。一个团队要不就认为自己必然会胜利，要不就觉得自己注定会被淘汰。这两种"我们不一样"的版本看上去完全背道而驰，因此需要逐一探究一下。

"我们不一样"意味着"我们就是更好的"

"我们不一样"可能只是一种自吹自擂。这种自大可能是微妙的，甚至是潜意识的，但认为一个团队或个人比其他人优越，这种想法会导致糟糕的决策。

优越感的表现形式多种多样，其中一些看起来也许无害，甚至迷人可爱。一位因为不相信意外会发生而拒绝购买保险的房主可能不是一个自大的人，但在某种程度上，他是把自己从常规的生活事件中排除了出去。幸福的新婚夫妇可能会告诉彼此"有些夫妇会吵架，但这绝不会发生在我们身上"。或者，优越感有时会造成悲剧性的结果——

拒绝承认儿子吸毒的父母可能会说"我的儿子永远不会吸毒",然后忽视那些明显的信号,或者没有采取预防措施。

有时这些"我们不一样"或"这永远不会发生在我们身上"的迷信是发生在国家层面上的。在20世纪60年代,对第二次世界大战记忆犹新的人们普遍认为,美国的汽车买家永远不会放弃底特律的汽车,而选择日本汽车。几十年后,世界各地的分析人士表示,韩国汽车永远无法和日本的高品质汽车势均力敌。然而,事实最终证明专家们错了,其结果也改变了国家经济和数百万人的生活。

团队的理念可能来自公司、产品或声望的优越性。也许你无法想象某位贵客有一天竟然会离开你。你可能认为竞争对手永远无法超越你的技术或产品设计。

做生意时,健康的自我和自信是必要的。毕竟,如果自己都不相信你的解决方案更好,你就不太可能成功地将产品推向市场。与此同时,追求卓越的目标也在不断变化。优势地位会催生出自鸣得意的心态。如果"我们不一样"这句话表明你相信你的公司天生就比其他公司优越,这可能会导致与之相反的结果。

在美国文化中,独树一帜、开辟新路甚至离经叛道都是一种情结。美国文学歌颂先驱者,也许其中最诗意的是亨利·大卫·梭罗:"如果一个人跟不上他的同伴,也许是因为他听到了不同的鼓点。让他随着他所听到的音乐迈步前进吧，不管节奏如何，或路有多远。"

许多传奇般的美国商业英雄都是那些听到不同鼓点的人。托马斯·爱迪生、亨利·福特和史蒂夫·乔布斯这样的革命性领袖，他们认为自己与众不同，采取了大胆的行动，进行了发明创新，真正地改善了数十亿人的生活。

的确，新的事业往往直接源于一个人想要以更好的方式做事的热情。不知何故，创造性的个人主义似乎总是和傲慢自大相伴相生。我们需要小心地鼓励其中之一，同时注意不要让另一个太过壮大。

此外，当以上述天才级个人主义者为榜样时，我们还是小心为好。如果没有同样水准的才干、恰当的历史时机及必要的运气，谁也无法保证能复制这样的成功。同样值得注意的是，一些杰出人物在追求梦想的过程中也付出了巨大的个人代价，并给周围的人带来了痛苦。

"我们不一样"意味着"我们是更差的"

如果自大会造成问题，那么认为自己不如别人也同样棘手（并且这很可能是一种相当沉闷的体验）。昂贵的说辞"我们不一样"的意味略微发生了一点变化，团队技不如人或受到约束，以至于做不了其他人能做的事情。这种观念出现在听天由命、遭受失败的人或是宿命论者的言论中:"我们不一样,所以我们没法去……"这让人想起了三只毛毛虫的故事。

有一天,三只毛毛虫在泥土中爬行时,发现了一只漂亮的黄黑相间的蝴蝶,在空中翩翩起舞。

第一只毛毛虫讽刺道:"瞧它那卖弄的样子。在上面飞来飞去,以为自己是个大人物呢。"

第二只毛毛虫叹了口气:"哇哦,多希望有一天我也能飞起来。"

第三只毛毛虫长久地看着蝴蝶。然后它慢慢地、坚定地说道:"我记得那个家伙。它曾经是我们中的一员。如果它能做到,我也能做到。"

你的团队是像第三只毛毛虫一样抱着"我能行"的态度,还是像前两只一样呢?一个简短的问题清单就能看出你的团队是否在以消极的方式觉得自己"与众不同":

- 你们能赶超竞争对手吗?
- 你们能吸引到所在行业的顶尖人才吗?
- 你们能通过改进产品来让客户满意吗?

如果上述任何一个问题的答案都是否定的,那么"我们不一样"可能是一句包含着犬儒主义、失败主义或悲观主义的话语。这些态度需要进行控制和转变,因为没有什么事情比肆无忌惮的消极态度更具破坏性。阴阳怪气的人会毁掉家庭、公司、学校、社团以及任何其他群体。

不过,在你指责这种"毛毛虫"之前,有必要探究它们的这种态度从何而来。这种萎靡不振可能预示着一个更大的问题,而且可能是公司领导力产生的副作用。

脱轨的根源

诊断出为什么你的团队认为自己不能做别人能做的事情,将有助于你了解这种想法的严重性,并规划出一个纠正方案。在要求大家强颜欢笑、采用海盗船长的"打到你们士气提高为止"的方法之前,请考虑一下,团队的死气沉沉可能是受训方法的直接结果。咱们来找出一些最常见的挫败思维的来源。

高层的消极人群

人们总是倾向于招聘跟自己相仿的人。这种相仿可能是性别、种族和教育背景,也可能是外表和态度。阴阳怪气的管理者吸引不了乐观积极的顶尖人才。如果你的管理团队中有一个愁容满面、总是爱唱反调的人,他的世界观很可能会传播开来,至少会在他的部门里。俗话说:"上梁不正下梁歪。"在评估团队情绪的时候,首先应该看看管理层。

近期的创伤

团队并不会总是一帆风顺。如果你的团队最近进行了裁员,或刚刚开始紧缩开支、削减工资,又或是公开了一项重大计划的失败,团队成员可能会感到挫败,担心类似的事情再次发生。成功会孕育更多的成功,而挫折同样带有自我繁衍的风险。

领导层的言行不一

完美的沟通就像是传说中的独角兽,它并不存在于任何一个团队中。有时,领导者的话语似乎与他们的行动并不一致。比方说,如果一家公司声称自己是创新的引领者,但在研发上投入的资金少得可怜,团队就可能会察觉到高层的言行不一。或者,公司的某些具象的承诺最终落了空:比如首席执行官在公司会议上宣布,将在第三季度推出股票期权计划,但季度都结束了,却什么也没有发生。

言行不一——即便只是感觉上的,总是会产生相应的后果。如果这种模式在领导层中反复出现,团队成员将会面对一个现实的抉择:他们是再次相信(并让自己失望),

还是带有些许的怀疑？失望的结果自然是犬儒主义，犬儒主义的结果必然会是离开。

过往经历造成的打击

试想，有一位销售副总裁满怀热情地从某会议上回来，还带着一本新书，他说道："我刚刚学习了有关新浪潮计划的所有内容，这能帮助咱们卖得更好，给咱们带来巨大的改变！"团队请了顾问，学习了新的词汇，重新构建了团队的"漏斗型结构"，设置了新目标，并用这种新方法全力以赴。18个月后，销售额令人失望；这个数字与团队开启新计划前的数字大致相同。

尽了努力却没有成功的事实，不一定意味着这一过程是错的。然而，团队中的销售人员在下个新项目中可能不会有那么大的热情了。如果他们没有看到领导者诚心诚意从失败中吸取教训，并采取措施确保未来的努力会更成功，那么这种情况就会更加恶化。

任何补救措施都可能被滥用或错用。有时候，那些过去错误所造成的伤害和记忆会导致人们不再愿意"与众不同"。如果听到"那个我们以前尝试过，但从来没有成功"这样的话，那你就有必要解除这种组织上的负担，找到它的源头。如果这种悲观情绪得不到解决，它很可能会在下一个新项目中成为"自我实现的预言"。

界定现实：将"不同"聚焦于团队外部

作为团队中的领导者，你会如何鼓励适当地"与众不同"，同时避免危险的"我们不一样"的思维方式呢？

家具制造企业赫曼·米勒（Herman Miller）的前首席执行官、《领导是一门艺术》（*Leadership Is an Art*）一书的作者马克斯·德普利（Max Depree）曾断言道："作为一个领导者，首要责任就是界定现实。"值得注意的是，拿破仑·波拿巴也曾说过一句类似的话："领导者的任务是界定现实，然后给予希望。"

有时候，对于一个领导者来说，界定现实的最好方法就是改变关注点。这可能意味着要将团队的注意力从树转移到森林，或者至少从一棵树转移到另一棵树。当你定义一个团队有何不同时，拥有一个外部焦点相当重要——强调团队与外部世界的关系。具体来说，团队可以多关注客户、结果和行动。

·关注客户——一个关注外界的团队不会沉溺于自我反省或寻找借口。如果一个组织把解决客户的问题放在一切之上——甚至包括他们自己的能力和限制，那么这个组织就更有可能找到正确的前进道路。

・关注结果——感到挫败的团队常常会抱怨他们所处的环境或资源不足。将关注点从资源转移到结果，也许有助于团队重新实现自己的目标。有了取得成果的坚定决心，差异性要么成为实现目标的优势，要么成为必须克服的障碍。

・关注行动——"我们不一样"的思考方式可能会从合理的差异化开始，但随后会导致自怜、辩解、放弃以及不作为。积极的差异化则能促进有益的行动。如果你必须讨论一下过去和现在，那就限制花在这些事情上的时间，然后转向积极的下一步行动。

实践：明智应对"我们不一样"的说辞

我们已经了解了成本，学习了概念，现在是实际应用的时候了。在本章接下来的部分，我们将学习示例话语、对话主题和练习，你可以将它们应用到团队工作中，避免陷入自己"与众不同"的迷思。

直接回应

如果团队中存在的差异导致了危险的失败情绪或傲慢

自得，你可以改变谈话的内容。试着用用下面这些模板：

这种差异对我们的首席执行官来说重要吗？对客户来说重要吗？

对，我们确实不一样。咱们写一写自己最与众不同的三个方面吧！你认为我们应该在这些方面有所不同吗？为什么不同？又为什么相同呢？

你认为咱们的头号竞争对手也会有同样的不同之处吗？如果我们不改变，有可能会落后于人吗？

如果我们真的不一样，有没有问题？如果这是正确的事情，没有什么能阻止我们这样做。

我的看法是：我们是和客户做生意。我们得处理好员工的问题。我们还必须考虑成本。因此，在这些最重要的方面，我认为我们并不与众不同，难道不是吗？

小组讨论

如果"变得特殊或不同"的主题在团队对话中反复出现，那么留出一些时间讨论几个一般性的话题，可能会起到一定作用：

· 我们比别的公司优秀吗？为什么？是如何体现的？

・我们是否期望看到其他人（员工、供应商、客户）与过去不同的表现？

・我们看待别人时，看到的是这个人的真实面貌，还是我们想看到的样子？

・我们是否认为有些事情我们做不到？

评判"不同"的一些方法

下面这些行为和方法可以帮助你掌控团队中的"与众不同"。

方法一：构建流程

如果你怀疑自己的操作没有达到应有的效率，或你的团队可能在处理异常情况上花费了太多的时间，请采取措施简化操作。

自动化操作不仅仅适用于工厂。在任何团队中，只要工作中存在一定程度上的重复，都可以通过建立流程、步骤和标准化进程来提高操作的速度和质量。这对你的团队来说可能并不直观，但你可以带他们"永远在生成子集"，以此减少异常情况。

1. 让团队成员记录下他们一周的时间和活动（也就是说，

在每天结束的时候写下他们是如何度过这一天的）。

2. 一周之后，面对面一起复盘一下结果。看看有多少时间花在例行公事上，而这些活动是有可能改进或变为自动化操作？

3. 花在例行公事的时间里，有多少是用来处理异常情况的？

4. 讨论一下具体的异常情况：

a. 在异常情况中，是否也出现了一些相同的类别？

b. 是否可以再添加一个流程，从而可以标准化地处理一些异常情况？

c. 是大家一起处理异常情况更好，还是让一个人专门来处理异常情况更好？

这么做的目的是，让你的团队参与"减少异常情况"的活动。持续地举行会议可能是有益的。别忘了庆祝一下你们的成就：任何自动化、常规化、文档化或用其他方式改进的流程，都将降低成本和风险。

方法二：逆向设计调查

公司管理层可能有明确的品牌战略，但这并不表明该战略在市场上行之有效——甚至在公司内部它也默默无闻。

要了解别人对你的看法，你可以直接提问。用免费的网络调查工具进行一次简短的调查，就能快速有效地了解，你在差异化方面所做的努力到底收效如何。

与任何问卷调查或市场调研一样，我们的目标是学习一些可行的，而不仅仅是有趣的东西。为了达到目的，你最好对自己想问的问题进行逆向设计。首先集思广益，列出调查可能会得出的结果：一些小的调整（比如改善内部沟通，开设新的文化培训课程，增加一项每季度客户回访电话），或重大的改变（重新确立公司战略，重新制定公司愿景，聘请顾问来改造公司文化，改变管理层的职责，等等）。如果你无法合理预见自己在调查后能做出一些有意义的改变，那就没必要去进行信息收集。

在公司内部，你可以问一些开放式的问题，比如：

- 现在的工作与你之前的工作有什么不同？
- 我们有哪些积极的不同之处？
- 我们有哪些消极的不同之处？
- 是否觉得有些事情应该能做，但做不了或不会做？

如果你想要未经过滤的真相，那可以考虑采用匿名方式进行调查。记住，对你的评判将基于你对调查结果的反应：如果向团队征求意见，那就准备好接受它、相信它，并根据了解到的情况采取行动。

你的客户、潜在客户、曾经的客户甚至竞争对手,都是你在市场上认知形象的极佳来源。用一些简单的有关品牌的问题进行调查:

- 你会用怎样简短的话语来描述我们的品牌?
- 我们公司与其他公司有什么不同之处吗?
- 我们在改善对您的服务方面有什么与众不同之处吗?
- 我们在削弱对您的服务方面有什么与众不同之处吗?

如果调查的参与者不是你的客户,你可以简单地用一封感谢信进行回复,在信里分享一两个你从调查中了解到的东西。你的客户则可能希望得到认可,即调查问卷能改善自己所获得的服务。

说辞 5

"我们信任他们"

"他们不仅仅是供应商,还是合作伙伴。"
"我们不需要清楚所有的事;我们信任他们。"
"咱们别吹毛求疵了;他们可是专业人士。"
"我们永远都可以指望她。"

没有信任,我们无法走得长远。每天,我们都相信闹钟会在正确的时间叫我们起床。我们相信巴士司机会送孩子们去学校,老师会照顾他们。我们相信成千上万素不相识的人们都能遵守交通法规,控制好他们的汽车。我们信任升降电梯、自动扶梯和无数其他机器。我们信任那些打包、运输和准备食物的人们。我们相信商家,无论大小,名声在外或鲜为人知,虽然他们知道我们的账户信息,却不会滥用它。

仔细想想,我们对周围的人群、体系和组织的信任程度非常之高。即使是我们当中比较愤世嫉俗的人，他的行为也是建立在广泛信任的基础上的。

风险：过度依赖信任是一种隐患

由于对信任的高度依赖，因此我们倾向于信任与自己共度时光的人及所在企业。与此同时，我们往往会遭遇信任失效的情况：

·我相信会议组织者会邀请合适的人来参加某活动，但他漏掉了一个关键性的参与者。这次疏忽导致时间效率大为降低，被漏掉的人还可能会生气。

·我相信供应商给我们开出的账单是正确的，但最后发现之前说好的折扣并没有落实，因此我们实际支付的比应付的钱要多。

·我相信一位同事会在报告起草过程中检查我们的工作并给出意见，但她却公开批评了最终的成果，让我陷入难堪。

·我相信一位队友能在约定的期限内完成任务，但他并没能按时完成工作，影响了项目的进度，增加了额外的成本，还浪费了时间。

·我相信一位朋友会在社交活动上带一道菜来,可他忘记了。这顿饭吃得并不尽兴,这次活动也没有达到我们的预期。

这些例子中的行为都称不上是背叛,有些可能只是有点烦人罢了。然而,它们都以不同的方式给我们的生活增加了成本:增加了经济成本、浪费了时间、失去了机会、损失了名誉、降低了质量、减少了享受、徒增了压力烦扰,等等。

当把这些"轻微"违反信任的行为所产生的各种代价加起来,我们会发现,它们的影响可能比我们意识到的更大。当然,当信任的破裂超出了世俗的层面,变成道德败坏时,其后果足以毁掉我们的职业生涯和人际关系。

几年前,我接到一家小公司的首席执行官的电话。他既是客户也是我的朋友,我一听到他的声音,就知道出事了。从他的语调中,我担心他也许刚刚得知自己生了重病,或有亲人去世了。

"史蒂文,你还好吗?"我问道。"不是很好。""是有人受伤了吗?"我问他。他向我保证没有人有生命危险,然后给我讲了一件事情。这家公司的老板一直在审查信用卡账单,然后看到了一些解释不了的开支。经过数星期彻底而艰苦的审查,史蒂文和老板终于发现了明确的证据——那个为公司工作了十多年的记账员一直在偷公司的钱。

这一事件造成了多方面的痛苦和影响。公司为了防止更多的盗窃情况发生，立即出资升级了实物和电子安保系统；为了确定挪用公款的总额，不得不花钱进行了一次全面的审计，还要弄清楚有没有其他人卷入其中。他们所有的财务业务都需要开发新的规章和程序。

除了这些经济上的损失，他们还付出了士气和人际关系方面的代价。许多艰难的谈话接踵而来：首先是与律师和管理人员，然后是与职员，最后是与公司里的每一个人。作为一家小公司，员工们关系密切，许多人都说它像家一样。团队中的不少人都觉得被背叛了。

由于史蒂文和这个会计很熟，他觉得自己对这次失误负有部分责任。他扪心自问，自己应该预见这种情况的发生，还应该采取更多的预防措施，在财务欺诈可能出现的任何地方防患于未然。"我不知道自己是否会再信任我团队中的任何人。"他告诉我。

我的朋友还算幸运，这次欺骗事件并没有造成更大的损失。经济损失在五位数以内，欺骗行为也只有一名员工参与。如果有其他职员参与其中，或该名职员的行动影响了公司的任何客户，情况就会糟糕得多。这次事件发生后，史蒂文脑海中不停预演着一些画面，自己不得不打电话给客户，解释说他的团队中有人一直在偷公司的东西。

至少从某种意义上说，我们对失去信任的痛苦和代价都有着切身体会。在日常生活中,在历史上,在上述事件中,我们都见识过信任危机。咱们能做些什么来减轻生活中的这些后果呢?在减少对信任的依赖的同时,大家还能保持积极的态度和良好的关系吗?

幸好这两个问题的答案都是肯定的。不过,我们需要重新评估自己对信任的看法,并思索一下如何定义信任这个词。

虽然诚信可靠是一种美德,但我们会发现,许多信任危机与道德伦理毫无关联。我们将从多个维度来解析信任,从而了解到为什么在某些情况下,增加长期信任的最好方法是在短期内减少信任。

重新定义:多维度审视信任关系

我天生是一个喜欢信任别人的人。我不仅容易相信别人,更是发自内心想去信任别人。我想要相信别人会诚实正直地做人。

可是经验教训告诉我,不能总是信任他人。这就是生活,就像辛纳屈①唱的那样:"尽管看上去不可思议,但有

---

① 辛纳屈(1915-1998),美国著名歌手、演员。——译者注

的人一踏上梦想之途就得到了乐趣。"因此我学会了要对人性现实点。除此之外，我还懂得了，解决信任问题，远不只意味着要找到诚实善意的人。

在《信任的速度》(*The Speed of Trust*)一书中，史蒂芬·柯维（Steven M. Covey）将信任分成了两类：品德和能力。这是一个很有用的分类，因为并不是每次信任的危机都与道德品质问题有关。

反思那个会计的事件。试想如果那位会计没有出现欺诈行为，他认为诚实，却无能地将公司的账本做得一团乱。这同样是一个问题，但它绝不会让人感到挪用公款带来的背叛和后悔。换个角度，在之前的例子中，试想，会议组织者在你的活动中没有请来关键人物并不是一时疏忽，而是刻意要破坏你的职业生涯。

这些假设体现了将品德和能力区分开来的重要性。如果不像这样区分的话，信任就会背上过重的道德包袱，从而任何关于信任的问题都是对某个人的尊严体统或德行伦理的质疑。这种敏感性意味着我们不太可能过多地谈论信任，并且变得疑神疑鬼。

信任不是绝对化的

谈到信任时，人们倾向于泛泛而谈。我们会说"他值得信任""不用说我也信任她""我愿赌上自己的生命来信任你"……消极的时候，我们则宣称自己"永远不会再相信他们了""我再也不可能相信他了""你不能相信那个家伙"……

这样的话语对我们没有好处。这些话暗示出信任是单一的、二元的：一个人要么永远值得各种形式的信任，要么永远不值得任何形式的信任。这可能就是我们的感受，尤其是当我们忍受信任破裂后的痛苦后果时的感受。然而，在现实中，信任和信任之间有着更多的细微差别。

当信任他人时，人们自然会充分利用当时的环境。比方说，我相信本地餐厅的厨师能做一道美味的希腊沙拉，但我不会放心地把我蹒跚学步的孩子交给他照看一个下午。我可以用我的经济实力甚至用生命来信任我的父亲，但我不相信他能挑出一条和他的衬衫相配的领带。我的邻居可能会在抚养孩子方面教给我一些有用的知识，但我不会让他尝试去切除我的阑尾。

环境很重要。信任必须加上限定条件：我们信任的是谁？信任他来做什么？在什么情况下？信任他到什么程度？断言一个人不可信或永远可信，都是错误的绝对化，这可能会成为昂贵的说辞。实际上，几乎每一段关系在不同方面都有着信任和缺乏信任的特征。

信任会转移，也会扩大

几年前，我和一位合伙人一起为一家初创的科技公司工作。我负责筹措资金，他负责运营。我们将产品开发外包给了一个正在开发样机的供应商。作为筹资人，我急于向潜在投资者展示这个样机。因为我的合伙人负责产品开发，所以我问他是否可以和开发人员确认一下，确保我们可以按照计划预定的日期进行产品演示。我的合伙人回答说："让他自己慢慢干吧。他会在截止日期前完成的。"我的合伙人对开发人员的信任让我感到一丝安慰。

在截止日期到来之前，我已经为接下来的几周安排了好几场投资者会议。然而，样机并没有如期完工，因此我们拿不出任何东西来展示给投资者。后来，我们的开发人员终于做出了样机——在截止日期的几个月之后。这种耽搁着实令人痛苦，而且很可能会让我们失去获得投资资金的机会。

我很反感这种事。多希望自己当时能催得更紧一些，并且要求与开发人员进行确认。这或许并不能加快进度，但至少我能得到一个更现实的交付日期，然后将样机呈现给投资者。然而，我没有坚持进行确认，因为我想信任我的合伙人，我想相信我们可以信任自己的供应商。

因为合伙人对供应商的过分信任，削弱了我对他的信任。这也许不公平，但我的名誉可全部都押在了他身上。

我让潜在的投资者相信，我们可以在原定的截止日期向他们展示样品。这次耽搁无疑削弱了他们对我的信任。这种信誉丧失对一家初创公司来说是毁灭性的，因为信任是我们唯一真正拥有的资本——我们的整个商业计划都是建立在自己能够实现计划的假设之上的。这是一条信任链：

潜在投资者 ▶ 我 ▶ 我的合伙人 ▶ 开发人员

当然，投资者对我的信任并不完全取决于开发人员的产品，其他因素也是有的。然而，当开发人员没能按时交付他那部分工作时，信任的崩溃从他身上蔓延到了我的合伙人身上，从我的合伙人身上又蔓延到我身上，再从我身上蔓延到投资者身上。这让我想起一句古老的谚语：

少了一颗钉子，掉了一块蹄铁；掉了一块蹄铁，失了一匹骏马；失了一匹骏马，丢了一个骑兵。

信任被借入、转移和杠杆化的方式，使得将信任的位置摆正变得更加重要。然而，无须害怕：当我们记住，信任并不总是与品德有关，它与其背景密切相关，了解其所在背景会让信任更易于掌控。

管理信任：信任是一种重要的资源

我们没有理由提高不了自己的信任管理技能，就像我们可以提高自己的时间管理或资金管理技能一样。信任和其他资源一样重要，甚至可以说相当重要，不能让假设和好心挟持了它。当我们与他人共事时，我们可以分析信任，了解应当怎样以及在何时可以依赖于信任。

我假设你生意上的伙伴都是符合你的道德标准的人。然而，即便在这条底线之上，你仍然会对信任产生疑虑：

- 你会在什么事情上信任他们？
- 你相信他们能干好这些事吗？
- 你在什么情况下会相信他们？
- 你相信他们能按时完成吗？

有时候，用否定的方式提问效果更好：你不信任他们去做什么？或者，至少现在来说，你在什么地方会明智地对信任他人有所保留？

通过这家初创公司和软件开发人员的事，我意识到，早期一定程度上的怀疑和不信任，有时可以避免日后信任的大面积坍塌。

被称为"细节管理者"比被称为"偏执狂"要好,但这两个称号你可能都不会把它们印在你的名片上。细节管理似乎是一种普遍不受欢迎的方式。很少有人会要求对自己进行细节管理,这说得过去,因为这可能意味着自己缺乏信心。然而,我们也得承认,每个人都会有不同程度的疏漏,对一个人来说是细节管理,对另一个人来说可能就是有用的帮助或指导。

既然对最亲近的人可能都没法绝对信任,那我们为什么能完全信任其他人能以正确的方式完成某项工作呢?或从个人角度来说,为什么我们不去确认一下,事情有没有朝着正确的方向发展,就相信自己能够很好地表达出想法,让别人一下子就能搞定呢?

检查那些见不得人的细节管理非常重要,否则我们可能会以一种对自己以及对为我们工作的人的不公平的方式去回避它。人们经常会引用罗纳德·里根(Ronald Reagan)关于冷战武器条约的一句名言:"信任是必需的,但核实也是必要的。"这句话有力地提醒着我们,信任与核实并不是相互排斥的。

不要随便考验人的意志

咱们来细想一下自己有多信任自己,以及自己如何管理自己。比如说，我们可能相信自己选择了正确的职业和伴侣，但不相信自己能正确地更换吸顶灯，也不相信自己能记住在一次社交活动上刚认识的人的名字。

在那些不信任自己的领域，我们通常会用工具或他人的协助来减轻信任的压力。我们可能会请电工或修理工来换灯，可能会写下刚认识的人的名字，或者在第一次见到他们时向他们要名片。

如果想要减肥并且吃得更健康——对达成这两个目标是认真的话，我们就会储备健康食品，把饼干和薯条等零食从家里扔出去。我们为什么要扔掉垃圾食品？因为在某种程度上，我们不相信自己会去吃健康食品。比方说我，我可能会说："我相信自己能做出正确的决定来保持健康。"然而，与此同时可能会补充一句："工作了一整天，也一整天没吃垃圾食品了，我不相信自己在9点以后会去吃健康的零食。我想保持健康的饮食习惯，因此我要消除垃圾食品的诱惑，才更有可能成功。"（但愿我的自说自话听起来不会那么生硬……至少逻辑没问题。）

自信不足可能会被视为意志力薄弱或缺乏自我控制。原则上讲，我们倾向认为，不管什么食物摆在眼前，对于遵循自己的饮食计划而言，我们会有着纪律性和自控力。然而，从一个实际的角度来看，没有甜的、重口味的和淀粉类的美食诱惑我们时，我们更有可能达成目标。

在与他人合作时，务实的态度对我们非常有帮助。如果自己的目标值得我们清除诱惑和潜在陷阱，那为别人做同样的事情不也很好吗？

给所有的工作加装扶手

在工作关系中管理信任时，我们的目标与节食者相似：不要去考验意志力，而要增加做出正确决定和行动的可能性。我们可以通过减少信任的使用来保持信任。在职场上，有无数种方法可以帮助人们取得成功,减少对信任的依赖。这里列举一些方法：

- 记录过程。
- 利用清单。
- 对文件进行多次草稿修改。
- 将项目分解为可进行审查的进度表。
- 经常进行进度报告，或按照预先定好的时间表进行报告。
- 利用冗余通信（也就是重复自己的话）。
- 要求多级别人员进行签字或批准。

虽然流程爱好者（比如我）觉得这样的要点美如音乐，但有些人会对这些海量的、看起来有些官僚化的技巧感到反感。你可能会想：我就不能请一些优秀的人才，让他们来处理这些零零碎碎吗？当然，这是完全可能的。另外，我并不是说，你将会或应该落实上面提到的所有的保障措施。

然而，更好地界定一下又有什么害处呢？将清单上随便哪两件事付诸实施，又需要花费多少代价呢？这里还有一个同样重要的问题：失败或误解的代价是什么？

在我们前面说的故事中，会计涉嫌职务犯罪，并承受了这些行为的后果。关于我朋友的公司，我想知道的是：如果公司管理层控制得更好，透明度更高，有可能阻止这位会计采取错误的行动吗？或换一种说法，如果需要用到信任的地方少一些，对他会起到作用吗？

在寻找供应商或员工时，人们总是认为，自己得到的是最好的。然而，事实是，我们并不总能让员工和供应商发挥最佳水平，有时他们可能一直处于最差的状态。这一事实启迪我们，应该如何进行规划，以及如何对待周围的人。我们想要计划取得最大的成功，而不是最大限度地依赖于信任。

在楼梯上装个安全扶手，既不失礼也不失信。在工作环节中加入的针对信任的措施可以起到类似的作用，让人们能够协助自己，或了解界限在哪里。

基于利益"重合度"思考信任

当销售人员说着"我们不只是供应商,咱们是合作伙伴"时,这可能会为过度信任埋下伏笔。其中隐含的意思是,那些自称是合伙人的人是好人——不像某些公司那样仅仅是为了赚钱,他们把客户的成功看得和自己的成功一样重要。

我对供应商称自己为合作伙伴的说法持怀疑态度,因为合作伙伴的收费还要高出10%。对于一些供应商来说,称自己为合作伙伴并不比那些以醒目大字写着"全新升级"的洗衣粉有更多的实际意义。

从字面意义上来说,合作是指合伙人分担成本并共享潜在回报的财务安排。人们会更容易去信任一个真正的合伙人,因为他和我有共同的利益关系,而"信任"他,我实际上只是在相信他会为自己的利益而行动。

有一条百试不爽的指导原则是,我们可以相信个人和组织会根据各自的利益行事。当他人的利益与我们自己的一致时,我们就有可能建立一种对每个人都有好处的工作关系,然后我们就能从不同维度进行考量,是否值得信任、信任的程度以及信任的方式。

评估信任：四个基本的检查要素

之前我提到了史蒂文·柯维的模型，该模型将信任分成了品德和能力两方面。在工作关系中，为了避免过度信任或错误信任所造成的损失，我们可以再加上两个要素来界定信任：

- 品德。
- 能力。
- 产能。
- 沟通。

这些信任的基本要素是按顺序来的；在能够确认第一个要素之前，不需要去加上第二个，以此类推。值得注意的是，产能和沟通并不与品德或能力的任何一个明确相关。然而，它们的功能同样重要。当信任破裂、事情出错时，问题往往源于工作关系中那些不起眼的地方。

对品德的信任

基本的诚信并不是一个很高的标准，但诚信可以引申到更多的问题上去。这个人的话清楚明了、不会引人误解吗？当人们说会跟进某事时，他们会坚持到底吗？他们遵守约定吗？在这些方面失信会对人际关系造成破坏。我听过有人事后回忆道："他取消预约的时候我就知道我不能相信他……我当时就应该抽身而退的。"

我的体会是，不能坚持到底、不守时、无组织无纪律，这些有时能体现出实质性问题，有时则不能。然而，如果某件这样的小事对你来说很重要，那就保持它的重要性吧。不要忽视你的直觉。至少，你可以问对方一个问题，看看他们会怎么回答："我发现我们两次被迫把会议改期，在我们这儿，遵守约定真的很重要。这个合理吧？你能接受吗？"

对能力的信任

对于一个你能信得过其品德的人，下一个显而易见的问题就是他们的能力。他们能完成这项工作吗？首先咱们从基本的问题开始：

- 他们是否明白工作的要求？
- 他们是否了解工作的预期结果？
- 他们以前做过这种工作吗？
- 他们是否曾为和你类似的人从事过这种工作？

随着工作复杂性的增加，具体的知识和经验可能变得没有专业能力和学习能力那么重要。比如说，如果你所处行业的规范性很高,而你正在招聘一名法律总顾问,那么重要的是,这个人不仅要了解当前的法律,更应表现出与新法规与时俱进的积极性。

对产能的信任

品德与能力是至关重要的,但许多没有这方面问题的关系还是以挫折与失望告终。这通常是因为产能方面的问题。如果我相信某人有能力干好我需要的工作,我就得问他,能否在我接受的时间范围内、以我想要的方式来完成这项工作。

当聘请供应商时,一份列明交付信息的清晰合同可以将假设最小化。如果每个人都知道产品完工时是什么样子的,那么留给误解的空间就会减少。然而,如果供应关系的产成品并非一目了然的话,就需要更多的讨论,也有更多的问题要问:

· 供应商是否有所需的资源?
· 他们最好的员工会在这个团队中吗?
· 谁是这个项目的领导?
· 关于响应速度方面,你应该有何期望?
· 你们怎样进行沟通(电邮、电话、还是面对面呢)?
· 他们会来现场工作吗?如果来,每周有多长时间?

这些看起来像是细节管理（尽管前面的章节描述得很精彩，但你可能仍然会抗拒进行细节管理）。探讨操作细节可能会让人感到尴尬，甚至觉得被冒犯，但是问一些额外的问题有助于你躲开令人失望的惊吓：

· 比尔带领我们走了一遍销售流程，也了解了我们所有的需求，但在我们签好协议之后，他好像失踪了一样。

· 我们之前的供应商总是能在当天内给我回复，但现在这家新供应商好像不那么重视我们。我猜他们是在忙着接待大客户吧。

· 他们让一个新来的负责我们的业务。她人很好，但她没有经验，我觉得这让我们费时费力。

好消息是，这种"小事"往往可以纠正，信任也可以重建。然而，最好还是在信任流失之前，开诚布公地讨论这些细节，一起避免这些失望的发生。

对沟通的信任

品德、能力和产能，为工作关系中的信任打下了坚实的基础。然而，信任仍然可能在日常事务中瓦解，最常见的"事故多发地带"之一就是沟通。

沟通的时候，少一些信任常常反而是件好事。如果对方不清楚我们的情况、目标或事情的轻重缓急，他们就不太可能为我们采取高效的行动。与其在将来被迫说出下面这些后悔的话（其实是很容易避免的），还不如冒一下过度沟通的风险——哪怕会被当作"烦人精"：

·我以为大家都知道我们的首要任务，但我要是强调一下就好了。

·我是不想因为啰唆而让他恼火。但我要是多啰唆一句就好了。

多少棘手的问题，通过一次谈话就能解决，这真的很神奇。

几年前，我负责一家初创公司的运营事务，这家公司为大企业进行外包账单管理。我们前两个客户的设备运行得很顺畅，但第三个客户的设备一直在出问题。事实上，三个月后，这个客户非常生气，声称要弃用我们的产品。我去拜访了客户，看看我们是否还能做点什么，有什么办法能挽回这个客户。

我看到的情况真是见所未见，简直令人震惊。客户没有使用我们的自动化系统，而是打印出我们的报告，然后重新输入他们的旧系统中。难怪他们抱怨我们一点也没有给他们省钱——他们必须比以前更拼命地工作，才能使这两个系统协同工作。原以为他们会按照我们设想的方式使用我们的系统。这对我们来说是不言自明的,但对他们来说却不是。

明白何时以及如何信任自己的客户,这与专业知识有关。因为你比客户更懂你的产品,所以你有责任确保他们能够得到你所交付成果的全部价值。你是否在与客户确认工作的影响和成果,或者你是否相信,他们从你们这样的工作关系中获得了最大化的收益呢?

实践:明智应对"我们信任他们"的说辞

你不必愤世嫉俗地去质疑你的团队是否有过度信任之嫌。事实上,你可以通过以下方法减少过度信任产生的风险。

直接回应

当你或你的同事说出一句暗示依赖信任的昂贵的说辞时,你就有机会改善谈话。试着用下面这样的话术回应:

我绝对相信恰克的品德。我愿意用我的生命来信任他。但是我了解到他手头有很多事情要做,我不确定我们是否已经让他知道了我们的情况有多紧急。因此，咱们至少在完成阶段性成果之前，请他每周给咱们汇报一下最新进度吧。

那家供应商声誉很好，我相信他们值得信赖。不过，我还是想做个背景调查。我不确定其他客户和他们的合作方式，是不是跟我们想要的一样。

是的，我们信任他们，但我最相信他们的，是他们会做符合自身利益的事情。

凯伦，这个事情我信任你，但我已经学会了不要总是相信自己能把最重要的事情表达清楚。因此，如果你不介意的话，我想看一下账目和我们的会议计划。

我们信任你，而且我相信你刚才跟我们说的事情肯定是没错的。但我们还是想看一下你提到的数据，看到白纸黑字的数据总能对我有所帮助。

小组讨论

对信任的质疑在你的团队中可能是个忌讳；你可以通过有意的探讨应当如何以及何时依赖信任来解决这个问题。下列问题可以用来抛砖引玉：

· 在过去两年中，我们在什么方面看到了与供应商、投资人、员工或客户之间信任的破裂呢？我们原本可以做些什么来减轻信任的压力呢?

·我们团队在哪些方面高度依赖着信任?我们能做些什么来减少这种依赖呢?

·在我们的供应商关系方面,哪五个方面是最重要的?其中我们在哪些地方会依赖于信任?

·沟通的时候,我们什么情况下会说得一清二楚,什么情况下会抱着侥幸心理?

·我们的客户是否一向能从我们的产品和服务中获得最大的价值?我们是否信任客户以某种特定的方式行事?

利用基准测试来信任并核实

如果你担心自己是不是过于信任某个供应商,那么与其他潜在供应商进行几次基准测试型的讨论可能会对你有所启发。与可能的替代供应商进行交谈,能为你需要支付的费用提供一个参考;作为一种完整性检查,它还能确保你不会错过市场的新发展。(记住:所有的供应商和顾问都会有各自的盲点。)

进行市场基准测试并不意味着你对目前的供应商不忠。这是你作为买方的权利,事实上还可能是你作为公司资金管理人的义务。首先,确定一些可能值得与之交谈的潜在供应商(如果你还不认识他们,一次简单的网络搜索就能给你列出名单）。然后只要打个电话，问问你能不能和他们谈谈。给你提供一个这种谈话的模板：

我们是有一个大致比较满意的供应商的。我不想占用您过多时间，因为目前看来我们不太可能会换供应商，但我们不清楚有什么是自己不知道的。我想知道您是否愿意和我们谈大概45分钟，这样我们可以跟您说一下我们的情况，然后您可以问我们一些问题。在以后认真考虑换供应商的时候，我们一定会想到您这边的。

现代销售人员的专业技巧是一个常常被忽视的金矿。如果以开放的心态运用这种方法，你可能会惊讶地发现你学到了很多东西。

说辞 6

"我们一直都是这么做的"

"这是他们教我的方法。"

"这就是我们这儿的做事方法。"

"大家都是这么做的。"

"XX 公司就是这么做的。"

几年前,我负责过一个项目,帮一位客户管理其电话账单。我们公司开发出一套一流的软件系统,来协助大型机构将其账单处理流程进行自动化改造。这套解决方案包含一个工作流功能,让用户可以在批准一个账单后将其自动发送给另一个审批人(在那时候这可是相当先进的)。实际上,我们的软件可以支持三级审批,这足以满足我们当时 25 个客户的需求。

这个特别的客户是美国联邦政府的一个部门,它要求进行一些个性化定制以满足其业务流程的需要。其中有一项是，他们要求增加更多级别的审批。他们还需要增加多少级审批呢？还要六级，总共九级。（遗憾的是，当时我对昂贵的说辞的感知力不强；而这份合同简直是"我们不一样""顾客永远是对的"以及一些其他昂贵的说辞的大杂烩。）经过一番慎重考虑，我们决定按要求修改我们的软件，以满足这一部门的多级审批需求。

直到这份合同快履行结束的时候，我问出了原本一开始就应该提出的问题：账单不能被审批通过的原因一般是什么？第一个接受提问的那位职员似乎被问住了，然后他不好意思地承认，他从来没有驳回过账单；也就是说，他批准了他见到过的所有账单。然后我又问了别人，得到了同样的答案。事实上，我们了解到，在这整个部门里，没有任何人曾经驳回过账单；他们一贯都是走过9个批准的流程，然后进行付款。

这一让人摸不着头脑的发现引发出一个问题："那我们为什么还要这样做？"虽然我们的系统提高了九级审批的效率，但它完全没有任何实际意义……因为账单永远是会被批准的。定制我们的系统，就好像是我们用自动扶梯取代了一条没有尽头的楼梯。

部门里都没有人记得驳回过任何账单了，为什么这个部门还要走这个审批流程呢？因为他们一直都是这么做的。

惯性：机械性思维的诸多隐患

习惯可能是好的，惯性也不总是坏的。就像自动化和流程（正如说辞二里所讨论的）可以降低操作成本一样，习惯可以让我们更好地完成例行公事——比如叠衣服或是刷牙，同时为需要花费脑力的事情保留精力。

当生活不是由直接目标而是更多地由习惯和例行公事推动时，我们往往会说这是"千篇一律""重蹈覆辙"。这种措辞可以追溯到土路和窄木轮马车的年代。下雨的时候，土路变得泥泞，车轮走过时留下深深的轧痕。那些轧痕干涸后就变成了车辙。后来，车辙起到了把车轮保持在道路中间的作用。

因此，"车辙"不一定是不好的；事实上，它可以帮助你更省力地到达目的地。不过，有一个条件至关重要：车辙必须指向正确的方向。否则，它会把你带到你并不想去的地方。

这个交通上的比喻也适用于现代社会。有时候，我们可以松开汽车上的加速踏板，利用势能，沿着正确的方向滑行着前进。然而，如果我们放开方向盘，闭上眼睛，我们就不只是在滑行了。我们就变成随波逐流了，而最后到达的地方可能不是我们想去的。

我们在生活中依靠着流程和惯例，以及习惯和先例。用默认的方式做事并不一定是坏事。然而，在开车时随波逐流可能是致命的，这对于"我们应当如何生活""如何领导团队"来说，是不可取的。

如果行动不能有效地推进目标——确切地说，还可能在阻碍我们实现目标，那么就会付出显而易见的代价，浪费时间、损失钱财、错过机会。这些是做事时一目了然的成本，因为"我们一直都是这么做的"。

损失钱财

如果你认识一个喜欢购买打折商品的人，那么你可能已经知道为什么"它正在打折"会是一句昂贵的说辞。花更少的钱来买计划好的东西可以为我们省钱，这完全没有问题。然而，我们中的大多数人并不总能严格遵守自己的购物习惯。六折促销或"买一送一"简直让人走不动路，情不自禁地掏出信用卡，哪怕我们原本并不打算买这件商品。"折扣力度这么大，我可不能错过"，这句话让多少人家的衣柜塞满了只穿了两次的运动衫和多余的浴袍；这句话也相当于零售界版本的"我们一直都是这么做的"，这一声明试图为与目的完全无关的行动进行辩解。

如果你买了一些自己不需要或者根本不想要的东西，

那么你在这些东西上"省"了多少钱就无关紧要了。你并不是在省钱，你是在浪费钱。这笔钱很可能被你挥霍了，因为买回来的东西并不是你需要或想要的。

浪费时间

根据我的经验，大多数团队在花钱采购的时候会比较慎重。假设你的公司准备购买价值1000美元的机器或软件包。即便对一家小公司来说，这笔支出也算不上一笔大开销。然而，当首席执行官问道"这是做什么用的""我们为什么需要它"的时候，采购人应该能给出一个有理有据的答复。以怎样的方法、投入多少资金，需要给出一个清楚、明确的理由。

相比于如何花钱，我们常常更少会去考虑如何花时间。如果没有一个合理的理由，我们会犹豫是否要花1000美元去买个东西；而我们在花着价值好几千美元的时间时，却不会对这笔投入进行类似的考量。

大多数企业都会遵循一些既定的预算流程，按照义务和优先级来分配资金。当我们展望接下来的几天或几周时，也可以采用类似的方法来规划时间。然而，花时间远比花钱被动。哪怕我们不做任何决定，也不采取任何行动，时间会照样流逝。如果我们不主动去把自己的时间安排与自己的目标联系起来,我们的时间表就会分分钟受到习惯和先例的影响,因为"我们在这儿一直都是这么做的"。

错失创新

假如你想定义什么是创新的对立面,你可能会觉得是"按照过去的方法行事"。对先例过度依赖,就无法提高效率或提升质量。

我们应该发现,创新并不一定能省钱,相反,坚持过去的方式也不一定会增加大量成本。相比使用 GPS 导航,某位朋友可能更喜欢用实体地图;如果他能按时到达他想去的地方,并且享受这个过程的话,就很难说他"应该"只为了现代化而变得现代化。有时候,一整个群体的人都会抗拒创新。举个例子,律师比许多其他领域的人更晚启用文字处理软件和电子邮件(也许是他们按小时收费的缘故)。然而,由于该领域步调一致地慢半拍,个别律师并不会因为过时的沟通方式而产生什么明显的损失。

在竞争环境中,采用新方法的速度太慢则会付出更高的代价。试想一下:

· 抗拒使用社交媒体与粉丝交流的餐厅,发布特别活动和促销信息的效率也会更低。

・没有采用新型自动化流程的制造企业发现，由于降低了人工成本，其竞争对手能够以更低的成本供应产品。

・在规则改变后却不改变策略的运动团队，眼睁睁看着自己的竞争对手利用新的规则打败了自己。

参与感缺失

惰性和粗心大意最大的代价，可能体现在团队绩效中。"参与感"一词是在20世纪90年代中期发明出来的。从那时起，这一话题得到了深入和广泛的探讨。貌似不用说，那些了解并相信自己工作重要性的员工会表现得更好，而且大量的研究表明，员工高度的参与感与企业赢利能力之间存在着正相关关系。（因此，如果出于某种原因，你不知道为什么和积极主动、参与度高的人一起工作效率更高的话，看看数据就知道了。）

丹·平克（Dan Pink）在他的著作《驱动力》（*Drive*）中是这样写的："真正的动力来自使命感，即一个人的奉献至关重要。" 如果你的团队中有人认为他们做一些事情仅仅是因为"事情就是这么做的"，那他们就是不明白为什么他们的行动很重要。

如果你的目标是尽可能地高效，那么你团队中的每个人都需要明白他或她行动的目的和重要性。他们需要知道他们所做的事情为什么重要。我们将在本章剩余部分里提出并回答这个问题："我们为什么要这么做？"

追问：不断确定做某事的初始目标

在讨论"我们也许可以自己来干"或"我们不一样"的时候，我们有一些细微的差别需要拆解，而且有时候这些话并没有错。不过，应该很少有人仅仅会因为"在我们这儿就是这么做的"而为这种行为进行辩护。

我在这本书中加入了"我们一直都是这么做的"这句话，因为它可能是你从未听闻的昂贵的说辞。对于先例的依赖对团队产生的影响，可能比你意识到的更大。

我们倾向于相信自己正在以正确的方式做着正确的事情。这种假定的信心可能建立在经验和先前的成功之上。如果更经常地问一问为什么这样做——而且如果自己能坦白地回答的话，我们可能会听到这样的理由："我们一直都是这么做的。"

我们不喜欢去问为什么

在家庭、团队、组织等许多关系中，"为什么"这个问题十分少见，也不受欢迎。回想一下你多久会听到一次这类的问题，以及是在什么情况下问的：

· 你为什么要那么做？
· 你为什么要那样去做这个？

当孩子们问了无数次为什么后，忍无可忍的大人会告诉他们"没什么原因""过会儿再来问我""因为我是你爸，这就是为什么"。后来，就轮到父母来问为什么，比如"扎卡里，你为什么会把意大利面撒到地毯上？"

这种问题能有什么好的答案吗？扎卡里能回答"这个派对越来越无聊了"或者"我讨厌那条难看的地毯"吗？事实是，这个可怜的8岁孩子很可能并不想把他的意大利面撒出来的——只是不小心撒出来了而已。

当被问到为什么时，我们会回想起童年撒掉意大利面的情景。我们可能会开始心存戒备，推想自己是不是做错了什么。的确，"为什么"这个问题可以暗示缺乏经验、不称职、效率低下，甚至会带有恶意。我们大多数人不喜欢被问为什么，也不喜欢问别人为什么。

我们必须去问为什么

"为什么"需要一个回答。它期待着有时候并不存在的目的性和理由。然而,恰恰是理由的偶尔缺席,导致"为什么"是如此重要。在组织环境中,目的性应该始终存在。行动不应轻率、大意;行动应该能够推动目标的实现。

需要说明的是,我确定,我问过客户为什么他们需要更多级别的批准。我当时的失败在于接受了流于表面的答案:"因为其他那些人也需要批准这些账单啊。"在我至少需要再问一个为什么的时候,我想也没想就认同了这个答案,附和道:"是的,他们当然需要了!"

接受流于表面的理由,并假设事情的发生是有正当理由的,这样做的工作量总是较少。然而,如果不追根究底的话,我们就会冒着浪费精力、时间和钱财的风险,甚至会危及我们的目标。询问为什么,对于根除这个昂贵的说辞来说至关重要。

在你的团队里,你们欢迎"为什么"吗?

用目的取代先例

惯性、先例和历史都是站不住脚的理由;在意图和目的的坚实基础上前行会比较容易。询问"为什么",提供了提升团队中每个人表现的机会,因为通过战略的眼光,行动受到了质疑。如果你正在重新审视团队中的理由，考虑从下列步骤开始着手。

第1步：从痛点开始

问题往往提供了绝佳的机会，让人进行改善和提问。当你想要确保你的行动与目标相关联时，不妨从一些你无论如何都得解决的事情开始。有时，只要和目标联系起来就能解决问题，或者消除问题。

我记得自己在做运营的那段时间，有一位不开心的客户。我们提供了一份他们想要的月度报告，但我们好像总是做不对。终于，老板问了我，为什么我们要为他们定制报告。我用一句昂贵的"万金油"式借口回答道："我们一直都是这么做的。客户永远是对的。"我甚至还说了"我们也许可以自己来干""现在回头为时已晚"。然而，经过一番仔细考虑，我们意识到，由于种种原因，我们真的不想从事定制报告业务了。于是我们用几个月时间开发了一个客户可以自主使用的报告工具。问题得到了解决，并且再也不会出现，因为在解决问题之前我们花时间考量了"为什么要进行这项任务"。

如果你有类似于投诉处理程序、漏洞检查列表或故障报告系统之类的东西，那么在处理流程中加上"为什么"这个问题可能会很值得。除了问为什么会出现这个问题，还要鼓励你的团队去问"为什么还要执行这一操作"。如果与目的的联系很明显,那么询问原因不会浪费修复的时间。如果联系难以说清,那么漏洞修复就引出了一个需要回答的更大的问题。

第 2 步:回答更大的问题

在解决了紧急问题并将它们与坚实的理由联系起来后,是时候退一步然后思考一下大局了:你的团队的目标是什么?

如果你手边有一份公司愿景或使命宣言,这可能对你有所帮助。不过,这里的重点不是让你舞文弄墨,去成就一篇鼓舞人心的报告,只是让你针对自己的行动回答这些基本问题:

- 你们为谁服务?
- 你们为这些客户解决了什么问题?
- 你们如何解决这些问题?
- 你们在哪些方面比竞争对手做得更好?
- 你们如何衡量成功?

如果这些问题引发了争论和困惑,那么公司的定位和策略可能不太清楚(至少对团队中的一些人来说是这样)。除非你给出的简短答案能让团队重整旗鼓，否则团队很难继续前进。

第3步：获取战术

经过前两步后，我们假设现在没有燃眉之急，并且团队对于自身的定位及业务范围有了基本的共识。这些条件将有助于研究如何使用时间和资源。

如果团队领导者请大家一起畅所欲言，讨论团队是否在以正确的方式做着正确的事情，通常有很多话题可以讨论。这一讨论能否成功，取决于领导者定下的基调。戒备心和强烈的不安全感会压制团队想法的表达，阻碍进步。心态真正开放并愿意进行改变的话，能为好点子敞开大门，并让员工的参与感更强。（请参阅本章末尾的停下、开始、继续模型，这是关于该步骤的一种方法。）

新鲜视角和顾问的价值

要与工作拉开足够的距离，以便知道什么时候要去检视工作背后的理由，可能比较困难。有时候，模式和习惯过于根深蒂固，我们甚至意识不到它们。

团队中加入新成员，可以获得宝贵的学习机会，而且这种学习必须是刻意进行的。每一个新人都会带来全新的视角，还会注意到一些老员工已经见怪不怪的事情。不过，与此同时，大多数"新扎师妹"或"新扎师弟"其实也不愿意问太多问题。

因此，不要浪费能有新鲜视角的机会——明确要求所有的新同事分享他们所有的观察和疑问，并表示期望他们能够改变现状。否则，新人们可能会在公司里徘徊踌躇好几年，说着"我们这儿就是这么做的"，以为这就是理由，其实理由根本不存在。

与新员工一样，外部顾问看待事物的角度也会不同，他们也会愿意改变现有的做法。你可以期望顾问能进行批评和观察，因为你是付了钱的。给新员工和现有员工同样的期望，让他们进行批判性思考和质疑，则可以省下聘请顾问的开支。

重置全新目标，重新开始

在《习惯的力量》（*The Power of Habit*）一书中，查尔斯·杜希格（Charles Duhigg）描述了美国铝业公司引进保罗·奥尼尔（Paul O'Neill）出任首席执行官时候的事。奥尼尔将公司的重点全部集中于安全上，将这一目标置于一切事务之上。他坚持所有的安全事故都要通知他，不管事故有多小。接着公司领导层就要制订一项计划，确保同样的事故不会再发生——即使是人为失误的原因。

不出所料，在奥尼尔的管理下，公司安全状况显著改善，事故几乎绝迹。这个故事神奇的地方是利润得到了飙升。产品成本大幅下降，质量得到改善，销量开始回升。对安全执迷的意外（也许是意料中也说不定）收获，是公司内的每一个流程都经过了仔细检查，从而变得更加安全——同时也变得更加高效、更加可控。此外，高层管理人员与一线员工之间的沟通也有了出人意料的改善。由于员工们分享了对新产品和更好工序的看法，由此引领了创新。这同时也毫无疑问地增加了员工的忠诚度，因为管理层明确地表明了工人安全的重要性。

美国铝业公司对安全的这种异常的痴迷，使其千方百计地要将行动与目标联系起来。其他公司则以衡量对创造核心价值贡献大小的方式，强调着创新、客户服务、卓越管理以及其他价值。

更高层次地询问为什么

"我们就是这么做事的"的观念可以在整个行业、整个国家或整个学科中广泛遍布，以至于当有人尝试采取新方法时，领导者们会顿感措手不及。军事史上有很多这样的例子，即一方通过进行难以想象的创新来制造恐怖。美国独立战争的第一次小规模冲突就是这种情况。当时，训练有素的英国职业部队在邦克山遇到了乔治·华盛顿手下一支装备不足的杂牌新兵队。华盛顿明白，他在人数、武器、弹药和训练方面都处于劣势。他被迫进行革新，而不能依靠欧洲那种通过教学实践代代流传的战争战术。正如罗恩·彻诺（Ron Chernow）在传记《汉密尔顿传》（*Alexander Hamilton*）中所描述的那样，这种新方法既令人震惊，又行之有效：

英国人在殖民地人民的非常规战术和毫不遵守绅士之间交战法则的突袭中饱受折磨、举步维艰。一位被折磨得快要疯掉的英国士兵抱怨那些美国武装分子："藏在大树后面，瞅准机会就向我们的前哨士兵放冷枪，开完枪后，他们立刻就撤退。这是多么不公平的交战方式啊！"

"这不公平——他们不能那么做！"当看到别人摒弃先例时，人们很可能本能地感叹道。对那位在邦克山的英国士兵而言，这不仅仅是一句昂贵的说辞，更是一句致命的借口。

实践：明智应对"我们一直都是这么做的"的说辞

当发现传统、先例或惯性是你行动的原因时，这就是个机会。抓住这些机会，把行动与目标和意图结合起来。

直接回应

对付一句话的绝佳武器是一句更好的话。下面这些回答阐明了如何让一句昂贵的说辞转变方向,然后用它来激发一段富有成效的对话。

是的,我们以前就是这么做的。我相信这种做法有它的道理……然而,现在我不确定它有什么道理。那假如有更好的方法呢?

我完全支持传统,但我们当然希望企业能朝着目标前进,而不是一味地去遵循传统。

因此说,"我们一直都是这么做的"这是一个原因,还是一个借口呢?

你觉得我们最大的竞争对手会那么做吗?为什么会,或者为什么不会呢?

这就是我们发送给董事会、投资者、客户的答案吗?如果不是的话,那么,我们现在就有了一个很好的机会来确保我们正在以正确的理由做正确的事情,而不只是默认去做那些熟悉的或者快捷的事情。

小组讨论

我们都有行动偏离目的的时候。如果你想让团队进行更加深入的思考，同时行动更具目的性，可以提问并和他们讨论下面这些问题：

组织结构：

为什么你团队的组织结构会是这样？

为什么职位名称会这样写？

为什么会建立这样的汇报结构？

为什么我们会让供应商来做一些特定的事务？

为什么我们会让内部员工来做一些特定的事务？

沟通与协定：

为什么会议长度是一个小时呢？可以默认为半个小时吗？

为什么（不是）所有的会议都有议程呢？

为什么员工例会定在周一（或是周二，诸如此类）？

为什么会按一个特定的频率来安排会议呢？

为什么有些人参会，有些人不参会呢？

为什么我们要回复邮件呢？

为什么我们会发邮件，而不去打电话呢？

为什么我们要去出差，而不选择视频会议呢？

办公室潜规则：

为什么特定的人会坐在各自特定的位置上呢？

为什么开发团队会一起吃午饭呢？

为什么有些人远程办公，而有些人来办公室办公？

为什么我们要开会呢？

为什么我们要用某种特定的方式进行宣传呢？

为什么我们接受／不接受某种培训呢？

在思考问题的时候，请记住，与目标失去关联的行动，不仅仅只会在工作中发生。我们来多考虑几个其他领域的问题：

学校：

为什么老师需要接受特定的教育培训？

为什么上学日有固定的时长？

为什么会有假期？

为什么要考试？

为什么会有成绩单？

家庭：

为什么要聚会？

为什么我们会在假期出去旅行？

为什么我们会在这个地区生活？

为什么几个孩子都住在各自不同的卧室？

为什么我们一起／不一起用餐？

为什么妈妈要去上班？为什么爸爸要去上班？

为什么我们一起／不一起看电视？

为什么在家里会放／不放音乐？

个人习惯：

为什么我要用社交媒体？

为什么我需要查邮件？

为什么在不知道对方是谁的情况下我会接电话？

为什么我要看那些电视节目？

为什么我要听那些音乐？

为什么我会那样度过我的闲暇时间？

如果读到上面任何一条问题时让你产生了抵触感或羞愧感，我可以向你保证，我写下这些问题时并没有想到你的实际情况。（深吸一口气，微笑接受吧。）你可能得到了一个重新检视你的习惯的机会，并借此重新进行调整。

与家人或团队讨论这些问题是一次机会，借此可以增强参与感和主人翁意识，因为你确认了自己的价值观，明确了自己的目标。在我们的家庭或宗教机构中，许多人会渴望传统，觉得它能让人得到慰藉。质疑某些活动的起源和目的并不能从本质上挑战或削弱它们。如果可以，想清楚为什么要做这些事情，这也许能加强你内心对这些活动的认同。

用目标取代惯性的一些方法

在这些方法提供的特定环境下，讨论目的与回答"为什么"的问题可能会容易一些。

方法一："用停下、开始、继续"来对抗惰性

与目标重新建立联系的一个简单又有效的方法，是"停下，开始，继续"。团队一起参与时，这种方法最为有效，但它要从每个成员单独回答下面这些开放性的问题开始：

- 从团队角度来说，现在应该停下正在做的什么事情？
- 什么事情现在没有做，但我们应该开始做？
- 什么事情我们现在正在做，而且应该继续做？

把这些问题放到团队成员面前时，最好不要给出指引或给答案设定任何限制。在每个人单独回答完这些问题后，团队一起来对比一下答案。结果可能会显示，大家对于某

些改变措施的强烈共识，它们也可能会揭示在最佳的前进道路上存在的实质性分歧。任何答案都能提供一种将行动与目标联系起来的方法，并确保团队不仅仅是摆脱了惯性而已。

方法二：六个为什么

有时候，只要简单地问问"为什么"，就能把行动和目标联系起来。在我领导那个首席执行官团队时，"六个为什么"是最受欢迎的领导力练习方法。它是这么用的。首先，我会问小组的一个成员前一天下午3点的工作时间他在做什么（哪个时间并不重要，只要选择工作日的某个时段就行）。然后他回答："昨天下午3点我在给克里斯写邮件。"然后，我接着问道："这件事情为什么重要？"

"因为克里斯是我们技术部的头儿，我想跟他说我们的界面上有个地方怎么改。"

"那这件事情为什么重要？"

"因为界面上的那个部分运行很慢。"

"那这件事情为什么重要？"（第三次发问——现在变得有点讨人厌了。）

"因为如果我们的软件运行很慢的话,客户会不太想去用。"

"那这件事情为什么重要?"(再坚持一会儿……)

"因为如果客户用我们的软件,他们能得到更好的成果,还能实实在在地省下时间。"

"那这件事情为什么重要?"(啊哈,我们就快搞定了。)

"因为如果客户能更快、更好地完成这部分工作,他们就不用那么担心了。"

"那这件事情为什么重要?"(重点来了!)

"这样我们的客户就能去做他们业务中更重要的事,或是更好地享受他们的生活。"

给克里斯写的邮件没什么特别的;很多时候,不管我们昨天下午3点做的什么,好像都是一些再平常不过的事。然而,只要几个简短的问题,我们就能将这些平凡的行动与公司存在的全部意义以及公司服务客户的目的联系起来。

"六个为什么"这种方法常常能作为一种鼓励,告诉我们辛苦劳作背后的意义。如果答案不太令人满意，也可以引发出更多的问题。只要答案是诚实的，并且只要我们愿意直面那些默认而进行的行动,条条大路都能通向罗马。

迷思三

稀缺罕有

资源丰富，绰绰有余，这样的时刻存在吗？

你是否有你需要的时间、财力和物力去做你想做的事？

你的决定因为资源缺乏或担心资源缺乏而蒙上阴影了吗？

经济学的核心理念正是稀缺性：资源是有限的，不足以满足人类所有的需求和欲望。有些资源比其他资源更为稀缺，而有用的资源越有限，它的成本可能就越高。

常识能证实稀缺性原理。比如说，获取黄金比获取木材难度要大得多，因此黄金比木材价值更高。或者观察房地产领域：在任何时点，萨克拉门托市待售的四居室房屋的数量都是有限的。如果这一数字变小，价格就会上涨。

资源的有限性同样不言而喻。我们的食品柜里只有这么多食物，银行账户里也只有这么多钱。这意味着我们养活不了所有人，也买不了所有的东西。

然而，如果我们仔细了解一下稀缺性，就会发现，它并不是绝对的。在市场上，黄金比木材价值更高，但如果你想做一把椅子或生一堆火，黄金的价值就没那么高了。

这说明同样的资源在不同的情况下有着不同的价值。还有，虽然我们不能用我们的资源去做所有的事，但谁能说我们不能做"足够"多的事呢？

的确，"足够"是一条难以捉摸的标准。曾经有人问世界上最富有的人"有多少钱才算够"，据说他回答："再多一点点就够了。"然而，不只是贪得无厌和野心勃勃的人才想要更多。我们可能会思索，自己的财务自由标准是一成不变的，还是不停变化的。针对"有多少钱才算够"这个问题，现在和10年前我们的答案一样吗？我们可能觉得自己拥有的还不够，但在地球的另一端甚至城市的另一头的人，可能会觉得自己拥有的已经很多了。

"足够"的标准在不断变化的不仅仅是钱。以科技为例：10年前极具未来主义色彩的电视机，在5年前变得司空见惯，现在就觉得过时了。我们计算机的处理速度和存储容量已经比10年前我们的全部所需都要多了，然而，在现在看来，它们只能算勉强够用。

这里的关键是：稀缺性不是非黑即白，而是由两个问题引起的一系列灰色调：

· 我们的资源有多大的价值呢？
· 多少才算足够呢？

这些问题并非只有一个答案，它们是主观性的。因此，稀缺性并不仅仅是由经济因素造成的。它往往取决于看待问题的角度。换句话说，"我们所拥有的足够了吗"这一问题的答案不仅取决于财产，同时也取决于我们的感受和想法。

此时此刻，你可能会觉得自己像是从书店里的经济学教材区走到了自我提升区。没关系，反正那些书确实卖得更好，因为有更多人觉得它们有用。世界观大相径庭的思考者们对于感受的重要性也得出了类似的结论。以下是在不同的领域里对这种理念所使用的一些标签：

· 积极思考的力量（大众心理学）。
· 表现力或吸引力法则（成功学）。
· 可视化（运动心理学）。

这些理念的核心都是思考的决定性力量，并表明，一个人对于自己所处环境的信念，往往比环境本身更重要。从道德层面看，这种对"有"和"没有"简单粗暴的论断有点难以理解。它好像犬儒主义般地承认了"富人会越来越富，穷人会越来越穷"。抑或，咱们还有得选吗？这难道是一种质疑？

我们将在本节中看到，当涉及稀缺性时，确实有得可选。我们可以接受它，也可以不接受它。如果寻求"有余"，我们就能得到它。此外，我们将看到，得到更多的"有余"不是一个神秘的或精神上的追求，而是可以通过结合常识性的洞察力和实打实的行动来实现的。

改善局面的第一步，是别再让局面变得更糟。如果正确的想法可以让我们看到更多的富足，那么同理，错误的观点也会把稀缺性放大。消极的想法会给我们增加难题，就像马克·吐温带着悔意提醒我们的那样：

我这一生遭遇过许多麻烦。其中大部分从未发生过。

通过担心并未发生的问题，我们就能制造出稀缺。我们想象着消极的情景，直到它们成为自我实现的预言。

你认不认识这种人：望着塞得满满的食品间，然后说"这里没什么可吃的"，或者打开有200个频道的卫星电视接收器，然后得出"没什么好看的"的结论？我们都容易轻视甚至忽视眼前的选择，而只看到自己没有的东西。

无论是在家里还是在工作中，无论对个人还是团队，都会发生这种情况。在本节中，我们会研究几个具体的关于稀缺性的迷思，它们可能会让你的团队付出比你意识到的更多的代价：

- **"我们不能让他走。"** 有没有某位员工、某个供应商或某位朋友曾对你来说至关重要？在你的生活或事业中，有人是不可取代的吗？我们会来拆解"不可或缺"背后的原因，然后就会知道这位得力干将往往并不像看起来那么罕有。
- **"客户永远是对的。"** 这句格言在某些圈子里作为卓越服务的指路明灯，简直神圣不可侵犯。然而，它会导致成本增加，让人困惑，而且具有讽刺意味的是，它会给我们带来许多不满意的客户。其根源往往是我们坚信付费客户非常难得。
- **"我们也许可以自己来干。"** 看似精明的节俭可能会增加成本。然而，由于忽视了组织以外丰富的人才资源，或是对于自己哪些资源最为稀缺感到困惑，团队经常会承揽过多的任务。

以上每句话都有一定的道理，但也都有可能误人子弟，干扰决策。通过改写这些话语，我们就能把稀缺变为富足。

在勒布朗·詹姆斯和迈克尔·乔丹之前，美国篮球界伟大的超级球星是朱利叶斯·欧文，绰号"J博士"。欧文似乎有一种神一般的技巧，他能在其他球员投不进的地方把球送入篮筐。当采访者问及他那炫目华丽、令人难以置信的动作时，他回答说，他的训练方法与别人的差不多，只有一点不同：

当我控球的时候，我总会去寻找光明。也许我能看到许多别的球员看不到的光明。

让我们望着光明，和稀缺罕有斗争到底。

说辞 7

"我们不能让他走"

> "没有人能做他们做的事。"
> "没有她,我们就完了。"
> "我害怕会和他分手。"
> "没有人拥有他们的技术。"

如果曾经完成过一个大型拼图游戏的话,你就会知道把最后一小片拼图板放到它所属的位置上时有多么满足。所有拼图板都物归原位,你退后一步,欣赏着这美丽的画面。岁月静好,万物升华。

然而,当你即将完成时,发现唯独少了一块拼图板,这时的感觉就完全不同了。恐慌与绝望开始蔓延,因为你知道这幅画少一块都不行,而且缺少了那一块特定的形状和图案,这幅作品永远无法完成。这一块拼图板是不可替代的。

很多时候,我们把自己的团队看作一幅拼图,里面是一块块独立的、不可替代的拼图板。当然,和那些一贯表现出色的人一起工作是一种乐趣。这是一件好事,值得肯定。然而,当有人从"表现出色"升级为"不可替代"时,危险就开始潜伏了。当团队的任何组成部分变得必不可少时,它就会变得脆弱。无论必不可少的是同事、顾问、供应商,还是产品或技术,都是如此。不可替代的想法为一系列昂贵的说辞埋下了基础:

- "我知道我们付给他们的钱太多了,但他们是唯一拥有这种技术的供应商。"
- "是的,他是个讨厌鬼,并不适合我们的文化,但他对我们的体系了如指掌。"
- "不,客户不喜欢她,但她是这个领域公认的领军人物。"
- "这个系统很笨重,但它是处理我们数据的唯一工具。"

这些语句并不只是反映了生意场上的利弊权衡或实际成本。它们暗示出这些句子的主语是不可替代的。

套牢：错误认知"稀缺"的巨大危害

必不可少通常是昂贵的同义词。当一个人"不可替代"时，潜在的成本会包括金钱、质量、业务连续性以及团队的团结。所有这些成本都归根于稀缺性。

感知上的稀缺性与实际的稀缺性具有相同的效果，记住这一点非常重要。当认为某些人极为够格，以至于无法被取代时，我们就赋予了他们稀缺性这种最高的价值。

在爱情片里，当演员大声呼喊着"你是我的唯一"时，稀缺性是美好的。在那些高潮的片段里，英雄是透明和脆弱的代名词。他把自己的命运托付给他所爱的人，而他所爱的人也有权接受或拒绝他。电影是好电影，而且找到独一无二的灵魂伴侣是一件美好的事。然而，这就是你想要在商界立足的方式吗？"她是唯一能做这项工作的人"这句话是对稀缺的明确声明。承认（有意识地或无意识地）某家供应商或某位员工是不可替代的，就等于接受一份单向的排他性协议。这就像是在说："你可以做你想做的，收你想要的费用，我会继续与你合作。"

这种单方面的关系暗示了另一种不同的电影场景：经典西部片中的银行抢劫案。实际上，经济学家们就用"套牢"这个词来形容当一个人很重要时的情形。当一方有权向另一方提出几乎任何要求时，就产生了套牢。用通俗的话来说，这就叫作被"绑架"了。即便是一点很小的套牢也会浪费我们的时间和机会，更不用说它意味着我们要花更多的钱。正如我们将在本章后面探讨的那样，支付溢价可以是一件非常明智的事情。然而，当它建立在错误的稀缺的基础上时，情况就另当别论了。

质量上的风险

一位不可替代的同事或供应商的影响，不仅仅体现在你要付的钱上。还有一个更不易察觉的风险，它与质量有关。

当团队中有人认为"我们不能换掉安德森"时，这意味着安德森的工作一直很出色。毕竟，一个平庸的员工或供应商很容易被取代。然而，正如你不应该在还没拿到报价的情况下声称自己了解市场行情一样，基于有限的信息就假定某些人的业绩是一流，也可能会产生误导。

对于某些工作来说，工作表现的标准是现成的，评价起来也很容易。在这些情况下，绩效可以用数据进行佐证：销量结果、速度、客户满意度调查或其他硬性指标。然而，如果绩效是定性的和主观的，质量被忽视的风险就会更大；尤其是当这个员工被认为是"不可替代"的时候。

我和某位公司领导合作过，当时他对一位公司顾问无与伦比的学识和技能赞不绝口。在内心深处,我明白,对任何一个供应商的理想化的看法都是危险的,而且我很有可能在一周之内就能找到一个人做同样的工作,同时还能少付30%的薪水。不过,告诉一位首席执行官可以轻易换掉他喜爱的供应商,无异于告诉一位母亲她的孩子很丑:不管真相如何,结局都会很糟。

因此直抒己见肯定是行不通的。相反,我可能会问他那个顾问有没有可能存在盲点,在这个领域会不会有一些他不了解的新动向。

然而,即便是这样委婉的好言相劝也常常遭到抗拒;很难想象成功人士会不了解他们所在领域发生的任何重要事件。不过,让我们来看看体育界的三个事实:

- 世界上最伟大的高尔夫球手都有教练。
- 第一次室内冰球比赛始于1875年。
- 国家冰球联盟(NHL)的守门员第一次全场佩戴冰球面罩是在1959年。

从这些事实中,我们能总结出两个重要的启示。首先,即使是专业人士也懂得他们可以在别人的帮助下提高水平。旁观的视角总是能看到一些不同的东西,即便是表现最好的人也明白自己并不知道所有的事情,也需要不断地改进。

（也许这就说明了为什么他们是表现最好的人。）

其次，显而易见的事情可能难以捉摸。在大半个世纪的时间里，冰球守门员在没有任何防护的情况下，面对着以每小时140千米的速度向他们飞来的岩石般坚硬的冰球。在知道可能有更好的方法之前，球员们需要忍受多少次眼眶打肿、牙齿脱落？然而，有时即使是最了解情况的人也想不到一个简单的解决方案。

我们不知道自己不知道什么——其他人也不知道。告诉别人他们不可能知道自己所处行业内发生的一切事情，这并不是一种侮辱，只是在承认事实。当你对某位专家的知识或观点预期过高时，你可能会错过其他最新的有用的观点。

业务连续性的风险

一个不可替代的人是无法被取代的。这显而易见，然而，相信某个人必不可少也带出了又一个难题：如果失去那个人，你该怎么办？

多年前，人们常问："如果乔治被公共汽车撞了怎么办？那我们该怎么办呢？"如果你觉得这种想象太可怕，你可以问："如果乔治中了彩票，然后觉得我们的办公场所不如天堂般的小岛有意思，该怎么办呢？"

失去一位关键人物会引发对一系列现实问题的担忧：业务连续性、养家糊口、维持客户关系，等等。并不是每个团队都需要或能够负担一个完美的后备计划，以便应对每一次离别的，但是想明白将会发生之事还是有用的。

应急预案的好处之一是它提供了其他选择。当被迫基于令人不爽的可能性确定自己的选择时，我们会发现自己拥有的选择比想象的要多。（值得注意的是，与被套牢相对的是拥有更多的选择，这也几乎是所有昂贵的说辞的解药。）

不合适的代价

你会如何计算无价之宝的价格呢？能取代必不可少之物的价值又是多少呢？

当一切进展顺利时，这些问题是毫无意义的，因为成本一直很低。然而，如果那些被视为不可或缺的人周围开始出现一些矛盾，情况就会变得一团糟。因为这个人被认为价值非常高，与这个人相关的可接受成本也会非常高。这种不平衡可能导致公司支付过多的费用或同意不平等的条件，也可能造成团队的领导者在策略或价值观上做出妥协。**最糟糕的情况是，把错误的人留下可能会导致对的人离开。**我曾目睹当一个人无法被取代时，代价会有多么沉重。

几年前，我在一家提供综合服务以及技术解决方案的某公司工作。我们处在一个很狭窄的细分市场中，因此必须使用一种晦涩难懂的计算机编程语言。这种语言基本上已经过时，但仍然运用在我们客户的旧系统中。团队中没有人精通这门语言，所以首席技术官鲍勃翻着简历，寻找能助我们一臂之力的人。

一天，鲍勃笑容满面地冲进我的办公室。"我想我找到这个人了！"他说着，然后给我看了一个人的简历，这个人的技术背景正好满足我们的需求。他叫路易斯，虽和我们隔着几个州的距离，但我们还是安排他过来面试了。我们聘请他为顾问，安排他有时过来和我们一起工作，有时可以远程工作。

路易斯的性格有点古怪。这在技术天才中并不罕见，但随着时间的推移，我们发现路易斯的一些怪癖正在折磨着他的同事。后来，路易斯卷入了与几名同事的冲突之中，而且很明显，大部分责任都在他身上。情况一直升级到技术团队的两个人与鲍勃开了闭门会议来投诉路易斯的程度。这时候，我与首席执行官还有鲍勃进行了一次讨论。讨论时的情形大概是这样的：

"路易斯好像一直在制造问题。我们确定他就是合适的人选吗？"

"这么说吧，我知道他有问题。但是他工作完成得很出色，而且团队中没其他人懂这门编程语言了。我们不能让他走。"

两个月后,情况变得更糟了,我们又进行了同样的对话。我们向鲍勃强调了路易斯独有的技能,因为这是留住他的主要理由。

"难道其他开发员就不能向路易斯学习吗?都这么长时间了,他们就不能从他完成的工作里学点什么吗?"鲍勃说,这会让公司倒退数月之久,还会损害我们服务客户的能力。

又过了四个月,路易斯的所作所为变得更有问题了。好几个人跟鲍勃说他们不会再与路易斯直接合作了。我们改变了汇报结构,让路易斯和其他同事的接触变少。他成了我们团队文化的毒药。

管理层又讨论了几次路易斯的问题,但每次都是鲍勃——作为首席技术官,他在所有与开发相关的事情上都是权威——坚持认为我们不能失去路易斯。

最后,我们不得不有所行动了。路易斯的行为违反了公司的政策,让我们可能面临法律诉讼。律师和人力资源主管告诉我们,现在的情况一目了然:如果继续留着路易斯,公司可能会产生承受不了的法律风险。鲍勃不情愿地同意了,我们开除了路易斯。

现在没有了路易斯,我们面临着曾被认为是不可想象的局面:我们不得不在没有了该地区唯一一位具备专业技能、能够为我们公司履行关键职能的人的情况下，继续前行。那么后来怎么样了呢？

你大概能猜到，我们挺过来了。有大约六个星期的时间，大家疯了一样地想搞懂问题，接着团队里其他人就能接手路易斯的工作了。这时候人们就在问了："我们为什么不早点开除他呢？"

对于路易斯在团队中时所带来的麻烦和戏剧性场面，我一点也没夸张：那些窃窃私语，扬起的眉毛，被他最新的滑稽动作主导的午餐谈话，对公司领导层把他留下来这么久的愤愤不平。如果不多用一些辞藻、不多分享一些细节，我无法形容那局面有多糟糕；然而，如果你曾经有过类似的经历，你应该会理解。

把所谓的必不可少的人留下来，损害的不仅仅是团队文化。为核心成员付出的成本可能会削弱你们的团队的盈利能力，还关系到团队的生死存亡。总之，一个"你不能让他走"的员工或供应商可能会让你付出巨大的代价。

队伍团结的风险

当和"有毒的"队友一起工作时，一位商业导师告诉我："当你意识到团队里有错误的人时，基本上已经太晚了。"他所说的"太晚"，是指等到这种错配被发现了的时候，它已经导致了不必要的成本和浪费的发生。

当一个团队成员没有完成他的工作时，生产力就会受到直接的影响。当一个团队成员完成了自己的工作，但对团队中的其他人产生了负面影响时，就会产生影响生产效率的间接成本。这些成本和直接成本一样切实存在，它们往往会表现为如下的叠加效应：

・团队矛盾——当人们互相争论时，他们并没有为团队的生产力做出贡献。

・闲话流言——当一名同事的行为导致其他人开始议论纷纷之时，闲话八卦的时间会影响人们的工作表现。

・干扰分神——如果团队中有人认为团队里有个错误的人，而且这个人的位子也许还岌岌可危，那么悬而未决的人事问题会分散大家的注意力。

・对领导层不信任——一个不适合留下来的人产生的连带代价是，团队会认为管理层不关心或不知情。这两种情况都没有好处。

这些成本所起的共同影响就像对企业征税一样。你认为"不能让他走"也许有一个确切的理由，但你确定能让他留下来吗？

团队凝聚力和参与度有时候很难衡量。有种方法是把正常情况下的生产力看作一个数字，用这个数字乘以一个基于组织健康状况的系数。一切正常时，系数是100%。当团队里有人持续产生负面影响时，这个系数就会下降。任何低于100%的事情都会伤害你，而且数字越低，情况就越严重。

如果错误的人留在团队中，低的数字就会一直持续，花费就会增加。正如我们有时会高估了一个人的贡献一样，我们也容易低估不合适的代价。

美国通用电气首席执行官杰克·韦尔奇很了解团队中出现错误成员时会付出的代价。韦尔奇还意识到，如果这个错误的成员同时还是一位个人能力很强的贡献者时，就会出现一种两难的局面。他描述了一种简化的方法，基于两个维度来评估员工：业绩与价值观。

如果有人不认同组织的价值观，也不能贡献足够的业绩，那么很明显这个人不合适，应该被解雇。从积极的角度来看，这个判断同样很明显：一个人有着合适的价值观又能完成业绩，大概率他是个"对的"人。如果一个人有正确的价值观，但完成业绩有点困难的话，韦尔奇认为最好的办法是与他一起，努力提高他的业绩——在你断定他不合格之前，给他一切成功的机会。

某人业绩很强但价值观不匹配，这种情况最棘手。如果一名员工带来了收入或在其他方面做出了巨大且可量化的贡献,公司领导就会倾向留住他,并原谅他的其他缺点(就像我们对路易斯那样)。然而,韦尔奇强调,必须请走不适应团队文化的员工。其产生的成本难以发现,却非常之高。如果因为"你不能让他走"而牺牲了团队文化,就会破坏团队的诚信。

幻象:"稀缺"往往只是一种感受

分析一下为什么我们会认为某个人或某件事物是不可替代的,这会对团队有所帮助。我们会看到,通常这是因为我们觉得,某个人拥有专业知识、技术、人际关系或天赋。

不可替代的专业知识

一个人特定的、相关的专业知识可能会让他看起来必不可少。这种专业知识可能是小范围的,而且比较匹配你的公司:"他们建立数据库的时候,雷蒙德就在这儿了——他对数据库了如指掌。"这些专业知识也可能是全球性的,而且广泛适用的:"萨利比华尔街的任何人都更了解石油市场。"

在这里，感受依然远比现实重要。团队领导者可能对一位员工或供应商产生专业技能不可替代的想法，即便在好几十个潜在的雇员或供应商能分毫不差地接手的情况下。信息技术专家、战略咨询师和教练由于他们特定的专业知识，最常被领导者看重，尽管这些领域竞争激烈，超高水准的人才比比皆是。

有时，这种想法的来源可能是对专业知识和技能的错误态度。专业知识不应被看作是固定的或无法获得的；一个学习型组织应当不断地获取和传递专业知识。专业知识应形成文档并进行共享。如果专业知识被私藏，组织就被置于危险之中了。

这也许是个巧合，但我亲眼所见的许多"我们无法换掉他"的案例都与科技有关。这种情况在开发人员身上发生了三次，另一次发生在网络管理员身上，还有一次发生在外包供应商身上。

在其中的四个案例中，高喊"我们不能让他走"响亮的抗议声来自角落办公室里的首席执行官。这也许是与信息技术有关的特定弱点。当一位首席执行官不了解某项技术的工作原理时，那些了解它的人就有可能制造出某种神秘感。技术是如此强大，它看起来就像魔术，而掌控它的人就能拥有魔术师般的影响力。问自己这样一个问题很有必要：如果你的技术魔术师消失了该怎么办？

在我合作过的一家小公司里，这种弱点演变成了一种类似敲诈勒索的情况。这位"不可替代"的技术人员开始滥用职权。他待在办公室的时间越来越少，而即便他在办公室，也经常是在玩电子游戏。他知道首席执行官不敢解雇他，于是他采取了相应的行为，醉心于职权。

神秘感和魔术的解药是可见和公开。当你明白魔术师是如何变魔术的时候，神秘感就消失了，也许你自己就能搞懂怎么变这个魔术。

不可替代的技术或产品

许多公司常常将他们的产品视为技术进步的先锋和市场上独一无二的事物。他们所标榜的有时是真实的，而且这招数往往行之有效，尤其是对于那些热衷于购买最新、最好产品的买家来说。"专利产品""行业领先""下一代"这些词成为一种借口，被拿来解释为什么团队只能使用特定供应商的产品。

"我们需要这个产品"或"我们必须使用这项技术"的说法，永远不应该被肤浅地接受。问一些自然而然的后续问题非常关键：你为什么需要它，它有什么用途是必不可少的？不要用对抗性的方式去质疑你的同事，你可以请他们帮你来理解三件事：

- 需要用到哪些功能，以及为什么？
- 哪些特性具有价值，以及为什么？
- 哪些特性有了更好，以及为什么？

请注意，提出这些问题的前提是，虽然有些特性是有用的，但实际上我们并不需要这些特性。每一种工具都有其功能：比方说，锤子有敲钉子的功能，这就是锤子所必须具有的作用。锤子把手的特性很有价值，因为它能让锤子产生杠杆和力量，从而提高效率。锤子把手上的衬垫有了更好，因为它能减少水泡的产生，并让工人能敲打更长时间。每种特性都必须助力目标更有价值。

产品本身只是达到目的的一种手段；它是一个用来创造结果、通向团队目标的工具。如果我们迷恋于一项特定的技术或产品，这通常意味着我们已经不再关注当初需要该工具时所追求的结果了。

不可替代的关系

某位员工可能有一些对公司有价值的人脉。在法律、营销和部分咨询领域尤其如此，在这些领域，客户往往更忠实于个别从业者，而非其公司。你是否担心，如果某个员工或供应商离开，客户也会跟着离开？如果是这样，那么这些关系就是这个人被认为不可或缺的重要原因。

关系的另一个特点是访问。你可能看重一个广告业的合作伙伴，因为他们公司的出版物能够影响到你的目标市场；也就是说，这个合作伙伴能接触到那个群体。俱乐部或行业协会可能特别有用，因为它们提供了与潜在合作伙伴或客户联系的机会。

良好的关系需要花时间来发展，而且是买不到的，因此明智的做法是将它们视为资产并赋予其适当的价值。尽管如此，有时候关系还是会被高估。当你在衡量这个价值的时候，区分资源和结果仍然会有所帮助。关系可以是一种极为宝贵的资源，但它们本身基本上不会成为业务目标。（有个显而易见的例外就是客户关系，它通常就是业务目标，但即使是这些关系也不是不可替代的，我们将在下一章中进行探讨。）

在大多数情况下，如果一个人被认为是不可或缺的，那通常是由于其专业知识、技术或关系。如果这些都不是原因，那可能就是有一些很难定义的品质。这可能是某种无形的东西——也许一个员工就是能让团队凝聚一心，也许有一个供应商就是能让你的团队表现出色。

如果是个人偏好，喜欢某位有着"说不出的吸引力"的咖啡师没什么问题。然而，请记住，这只是在用花式的语言在表达"我不知道怎么回事"。在团队环境下，任何偏好的理由都应该白纸黑字、有理有据。花点时间来定义这种无

形之物，并评估它是否真的是一种偏好的合理理由。

如果在看了上述的可能性之后，你还是无法确定是什么让一个人不可替代，那么理当保持谨慎。当业务关系表面上看起来并不合理时，可能是有办法使其合理的，但这个办法并不广为人知。

我曾与一家公司的副总裁共事，他不同意换一家电信供应商，因为当时的供应商在体育场拥有一套包厢，而且还很大方地提供冰球比赛门票。在另一个案例中，一位备受追捧的销售代表以每年请团队同事吃好几次昂贵午餐而闻名。

免费午餐和比赛门票是对商业决策的"贿赂"，但有时供应商会因更加恶劣的理由而受到偏袒。对于"不可替代"的关系，无法辨明的原因可能还包括不合适的私人关系、私下的商业交易、回扣或其他非法行为。这些情况中的任何一种都可能对犯罪者和无辜受害者造成毁灭性的个人和职业影响，因此决不能忽视。如果你无意中卷入了这种令人不快的烂摊子，请通知有关部门并小心行事。

溢价：用合理的理由替换稀缺性

我们不需要看得太远就可以看到稀缺性和"套牢"是

如何联手推高价格的。当为最新款手机支付无折扣全价，或接受一位专家顾问过高的报价时，我们就是接受了稀缺资源所要求的条件。但这是件坏事吗？

支付更多并不总是等同于套牢。有时候我们会为更好的产品支付一笔溢价。尽管其实有便宜不少的娱乐或餐饮选择，我们还是会买票去看最喜欢的歌手的演唱会，或在高档餐厅就餐。一个公司为有才能的员工、顾问或供应商支付高于市场的价格，这很常见。

支付溢价不一定是错的。这里有两条原则可以确保你不会成为"套牢"的受害者：

- 了解你要支付的溢价。
- 明确为什么支付这笔溢价是值得的。

了解溢价

对于试图省钱的一个最常见的反对理由是："它们可能会花更多钱，但它们是值得的——一分钱一分货嘛。"另一种说法则是："我不会只为了节省10%的费用而换掉供应商。"这些通常都是昂贵的说辞。

选择支付10%的溢价是完全合理的。然而，下一个问题就是：你确定你只多付了10%吗？你怎么知道的？如果这个数字是50%的话,你会换掉供应商吗?

如果直觉告诉你,你付给IT顾问(或是任何其他人)的钱太多了,不要压抑它。听从你的直觉,通过市场调查找到溢价。一旦你另外拿到两三个可比的书面报价,你就会知道自己是否支付了高于市场的价格,以及溢价是多少。

证明溢价的合理性

支付溢价的第二个原则是明确你为什么要这么做。如果你和你的约会对象很喜欢某场音乐会,你完全可以说:"我就是喜欢埃尔顿·约翰。"这是你的钱,也是你的选择。

在团队里,想要证明溢价的合理性,应该将额外收获与某个目标联系起来。你付给这个人更多的钱,是因为他的专业知识能让你更快地推出产品吗?是因为他的培训能提升你的团队的技能,让客户更满意吗?是因为他的知识会节省你的时间,并降低运营成本吗?是因为团队里有他在,你的风险会降低吗?

当你把对溢价的理解与所知的其他可能的选择结合起来时,你就不会被限制住了。那你会怎么说呢?

A:"我们付给吉尔的钱太多了,但我们不能让他走。"

B:"我知道,我们付给吉尔的钱,要比付给其他供应商的钱多20%，但今年他值得我们支付这笔溢价，因为他具有特定的专业知识，也对我们企业很了解。这可以加快我们的速度，降低我们在其他方面的成本。"

你可以看出，B是如何用具体的知识和合理的理由来替换稀缺性的。A和B的对话是从一味地猜测到基于事实的可靠判断的跨越。在某些情况下，这一过程将从成本上体现出更大的差异，也许还会带来提高质量的机会。

得当表扬的价值

虽然我们已经知道，有些时候溢价是值得支付的，但也要承认，在实际应用"每个人都是可被替代的"这一概念时，我们也可能会走极端。毕竟，避免"我们不能让他走"这句昂贵的说辞的一种方法就是不断提醒人们，他们是完全可被替代的。

不过，这会带来恐惧、不安全感和团队动力的下降；这恐怕无法营造出制胜的文化氛围。

口头表扬可以起到激励和肯定的作用，它有增进人际关系的力量。如果你的风格是鼓励他人且不吝于表达，请你继续保持。然而，请从两个角度考虑一下：你真正相信什么？你赞美的对象可能相信什么？关于这两个问题，我

要提出两点警告:

第一,不要强调未来会发生变化的情况。比如,"比尔,你的贡献真是太杰出了"或"比尔,没有你,很多事情我们永远办不到"这两句话的短期效果基本相同,但后一种说法可以被解读为一个终身雇用的承诺。

第二,利用欣赏别人的机会来审视自己真正相信什么。那个人你真的离不开吗?

下面的测试通常能揭示出真相。想象一下,这个人来找你,问你是否有时间单独谈谈。然后他不好意思地说,虽然他非常喜欢和你的团队一起工作,但有个新的机会出现了,他觉得必须去追求一下。

你会突然浑身冒冷汗吗?你会心跳加速吗?如果你的反应超过了失望,上升到了恐慌的程度,那么你很可能是认为这个人很难或不可能被取代。这也许是一个信号,表明你是时候多开发一些选项了。

调整:其他选择总是存在的

"我们不能让他走"背后的恐惧会不断升级,从而引发更多的恐惧。当富兰克林·罗斯福总统警告说"我们唯一需要恐惧的就是恐惧本身"时，他也许说的正是这句昂贵的说辞。

如果认为自己的成功依赖于链条上的任何一个环节，那么很自然地，我们会高估这个环节的价值，害怕失去它。补救办法就是采取行动：落到实处、创造选项。

找到更多的选项——互联网广告

恐惧曾差点摧毁了我合作过的公司。这家公司是一家细分市场互联网零售商。它主要在两个特定网站上通过网络广告寻找自己的客户。这家公司在财务上陷入了困境，当看到报表时，我发现它的广告费用是最大的一项支出——甚至比工资支出还要高。

当我问首席执行官在广告方面有什么选择时，他说："我没得可选。从别的地方根本找不到客户。"然后，我问他是否已经谈妥了价格。

"我不能和他们谈判；他们是我唯一的生意来源。只能他们要多少我付多少。"

我们花了一些时间来梳理这些昂贵的说辞。最终，我们决定向这两个网站提出要求，目标是得到更优惠的价格。我们认为，即使没有太多的竞争，我们也有两种合理的动机促使网站合作：首先，广告支出在两个网站的比例是7∶3，这样我们可以通过更平均的业务分配来争取有利条件。其次，慢慢地我们可以尝试承诺更长的合同期和未来更大的业务量。

当我们正在准备向这两个网站发送新请求时，首席执行官得知了一些滑稽的消息：网站 A 刚刚收购了网站 B。因此，现在我们不再是从双头垄断中买广告，而变成只有一个供应商了。或者说当时完全就是这种感觉。

恐惧开始滋生。这位首席执行官甚至不想再试着请求报价了，因为他担心这会激怒网站。"我们没别的地方能做广告了，"他说，"万一他们抬高我们的价格怎么办？"

就这位首席执行官对稀缺性的看法，我提出了质疑。如果这两个网站不存在，他真的会歇业倒闭吗？

他承认："嗯，不会。我觉得我会想出办法来的。"

我们意识到想出办法的时刻就在眼前。我走到白板前，拿起一支记号笔，然后我们开始集思广益，想着其他获取客户的办法。

我问他能不能直接给他们发邮件。他说那是个糟糕的主意，代价太高了。然而，我还是把它写在了白板上。我们继续着头脑风暴。

我又问道："能不能在综合性网站上做广告，而不是在这些只为你们的客户服务的网站上做广告呢？"他说那样的代价可能也很高。

"要不就利用搜索引擎的关键词广告吧？"也许这个方法可以。

我接着问："在那些潜在客户都会阅读的杂志上刊登平面广告怎么样？"他承认，他的一些竞争对手就是这么做的，而且可能真的有用。

这位首席执行官花了几天时间仔细考虑了这些提议，并提出了其他一些似乎可行的方案。终于，是时候采取行动了。这位首席执行官给他的广告供应商打了电话——提到他们现在基本上是市场上唯一的参与者，并从自身优势的角度开始谈起。

"我们一直合作得很愉快，但是现在经济状况不允许了。我正在尝试其他能找到客户的方法，当然，如果你们这边的价格能谈一谈的话，我也许能跟你们公司签订更长期的合同。如果不行的话，我们只能终止合作了。"

最终的结果是在这家供应商这儿节省了19%的开支。由于这是公司最大的开支，因此大幅改变了公司的财务状况。大约一年后，首席执行官卖掉了公司。

一切从扩展选择空间开始

在互联网广告的故事中，有两个重要的教训可以帮助大家不再被套牢：其一，当首席执行官接受了他有其他可

行的选择时,一切都变了;其二,通往好选择的路往往始于不好的选择。这是一个简单的渐进过程:

没有选择 ▶ 不好的选择 ▶ 可以接受的选择 ▶ 好的选择

有时候你会很走运,很棒的选择会自然而然地出现。更多的情况下,你会经历一个过程,从"他是唯一适合这份工作的人"或"他们是我们唯一能用的供应商",过渡到一个有不少好选择的豁然开朗的局面。第一步也许就是写下那些看起来真的不太可行的想法,但不管怎样,还是先去把它们写下来。这个过程中会有一种力量:更好的选择将会涌现。

实践:明智应对"我们不能让他走"的说辞

下回你听到"我们不能让他走""她是不可替代的""这是市面上唯一一种类似这样的产品"等与稀缺性相关的话语时,利用这个机会来提高你的团队的认知水平,想清楚什么才真正重要。

直接回应

试着将对话内容从模糊的稀缺性转为与你们目标相关的具体讨论。

虽然我同意,帕特里克在几个重要方面的技能都非常出色,但没有人是不可替代的。我想,除非我们在那些求职者的简历里面仔细寻找,否则我们很难知道取代这些技能的困难度。我承认我已经有几个月没做这件事了。你呢?

阿方斯为我们团队做出了很大的贡献,很难想象让他离开的情形。然而,要想长期融入我们的团队,他必须具备与专业知识相匹配的文化价值观。我们有没有充分考虑过他的行为和态度让团队整体付出的代价呢?

我知道S公司有一个很棒的产品,而且市场上也许没别的公司有了。然而,咱们来认真分析,它到底如何能转化成咱们的业绩,然后再来考虑其他途径吧。

是什么让苏不可或缺呢?是她的专业知识吗?如果是的话,咱们怎样才能让那些知识在团队内共享呢?对于任何人变得不可替代,我都很不安,甚至包括我自己。咱们得确保咱们在记录流程和共享知识,这样我们就不会因为苏或其他任何人中了大奖而陷入困境了。

小组讨论

下列问题可能值得在你的团队中问一问,尤其是当你感觉自己被供应商、人员、产品或"不可替代"的技术过度影响时:

我们对待专家的观念:

- 是什么让某个人成为专家?
- 那位专家对自己的领域了解多少?
- 一个人的专长会有哪些局限?

我们对待知识和专长的观念:

- 专长可以获取吗?
- 专长可以记录下来吗?可以共享吗?
- 我们是一个学习型组织吗?

资源与结果:

- 相比于行动或努力(资源),我们的团队是否更加关注量化的目标(结果)?
- 在团队里,我们更常谈论的是什么:资源还是结果?

- 我们会为了什么来庆祝或给员工奖励呢？
- 在一个特定的项目中，什么更重要呢？

创造更多的选择并减少依赖的一些方法

下面的具体策略可以让你的团队从没有选择变得有许多选择。

方法一：变资源为结果

在很多情况下，认为一个产品、一项技术甚至一个人是不可替代的观念，其根源在于混淆了资源和结果。资源是达到目的的手段，而结果本身就是目的。这里来举几个例子（见表7-1）：

表7-1 资源和结果

资源	结果
会计软件	及时准确的报表
社交媒体	受众更好的认知
服务	推动更好的销量
清洁服务	一个干净怡人的办公室

虽然经常为资源付费，但我们真正想要的是结果。这种混淆是由供应商造成的，他们往往更关注自己销售的产品和服务，而不是为客户解决问题。（我和伊恩·奥尔特曼在我

们合著的《同侧销售》一书中对此进行了详尽的论述。）

我们的重点应该始终放在结果上。每次只要流连于某个特定的产品、功能、技术或团队时，都表明我们可能更多考虑的是资源而不是结果。从产品、技术或流程中退后一步，提出一些高层次的问题可能会有所帮助：

· 你在解决的是什么问题？
· 一个好的结果看起来会是什么样的？

结果应该始终与获得结果的手段区分开。当一个目标似乎只有一条路可以到达时，人们经常会狭隘地将道路视为目标。

方法二：确定"工厂"的投入和产出

如果你觉得眼下有个供应商必不可少或选择很有限，那就用这个"工厂"法吧。在白板上画一个工厂（可以画一些烟囱来增加趣味性），在左边和右边分别留出投入和产出的空间。

需要哪些投入呢？产出的是什么呢？举个例子，如果我们把这个概念运用到互联网广告的故事中，我们可能会得到以下结果：

广告预算 + 广告文案（投入） ▶ 工厂 ▶ 合格的客户线索（产出）

然后，我们可以提这样一个问题，还有哪个"工厂"能把我们的钱和广告转化成客户线索？再举一个例子，想象一个物流配送供应商的情况。在这种情况下，这个工厂等式可能会是这样：

产品 + 订单详情（投入） ▶ 工厂 ▶ 物品交付给客户（产出）

我们再来问一问，如果我们想要从"投入"到"产出"，还有什么别的方法吗？还有什么其他途径或办法可以让我们得到自己想要的结果吗？

有时候，这种方法甚至可能引发眼界的问题，让我们得到更好的解决方案，比如"也许我们可以找到一个能帮我们做出效果更好的广告的供应商"或"我在想一家物流公司是否能把仓储这部分工作从我们的手中接过去？"

方法三：提问"我们怎样才能……"

"我们怎样才能……"是工厂法的一种更具会话性的变体。它首先将焦点从"不可替代"的资源转移到结果上。也就是说，将"鲍勃对系统的了解无人能及"改为"有鲍勃在团队里，我们就能很快诊断出系统中存在的任何问题。"

现在再来考虑一下这句话的后半部分，并将其转换为"我们怎样才能_____？"通过提这样一个问题进行头脑风暴："我们怎样才能快速诊断出系统中存在的任何问题呢？"在四到六人的团队中进行头脑风暴，往往效果最好。

说辞 8

"客户永远是对的"

"我们必须为他们进行定制。"

"他们的要求比较特殊。"

"如果我们不为他们做这些,我觉得我们会失去这位客户。"

在电影《冒牌天神》里,倒霉的布鲁斯对生活的不公平发泄着怨气,然后上帝给了他一个管理宇宙的限时机会(或至少是纽约州水牛城周围的这部分宇宙吧)。新任上帝布鲁斯的职责之一就是回应祈祷。当他发现可以把所有收到的祈祷转成电子邮件界面后,布鲁斯坐下来,喝着咖啡,一个个地回复着上百万个的请求。电子邮件的主题行说明了祈祷的属性:

好成绩、旅途平安、我很孤独、中大奖、宠物丢了、父亲的手术、男友的工作……

布鲁斯奋战好几个小时处理了数千个请求，却发现请求的数量增长得比他的回复速度快得多。绝望崩溃之时，他在电子邮件程序中发现了一个"全部回复"按钮，然后给所有的电邮祈祷发送了一个全球回复：好的。带着满意的微笑，他向后靠在了椅子上，放松了下来，叹了口气道："现在大家都满意了吧。"

然而，现实的发展并不如他所愿。接下来的场景描述了城市里充斥的骚乱和灾难，这是由于个体的请求引发了集体的混乱以及意想不到的后果。其中有一个是，一大群人中了彩票，因此奖金降低到了20美元以下。布鲁斯突然发现，做上帝并不像他想象得那么简单。这一场景凸显了一个深刻的问题：如果上帝满足了每个人的愿望，结果会怎么样呢？

每个人都有自己的"一亩三分地"，在其中我们也需要对人们的要求做出回应。有个问题我们必须回答：如果把人们要求的一切都给他们，会怎么样呢？或者说，如果客户永远是对的呢？

"客户永远是对的"这句话来自零售商马歇尔·菲尔德（Marshall Field），他于19世纪80年代在芝加哥成立了第一家百货商店。在那个时代，大多数人购物时都信奉"买家小心"这句话，而菲尔德改变了这种情况。这家2000年前后仍以他的名字命名的商店，率先使用橱窗展示、提供新婚礼物登记、实行无条件退款并实施许多其他创新举措。菲尔德树立了新的服务标准，也得到了许多忠实客户的回报。

最近，技术和媒体给客户服务带来了更大的关注度。各种在线产品评论网站带动了几十亿美元的销售。亚马逊和诺德斯特龙（Nordstrom）等公司因为交易过程轻松愉快而广受赞誉，它们的股价也反映出了消费者的认可。

从很多方面来说，这是属于顾客的黄金时代。看起来，要想在市场环境下取得成功，任何销售方都必须认真倾听顾客的需求，并定制产品来满足其需求。然而，商业上的成功并不只有简单的倾听和回应。

过度响应：讨好所有客户本就是陷阱

遵循客户的偏好也许能卖出产品，而这样的销售可能正是我们认为自己需要的。然而，如果我们以客户稀缺为前提，因此想满足每一位客户的需求，我们就走上了一条常常会引发财务损失和战略失误的道路。这看上去像是一个悖论，然而，如果我们没有把如何服务客户想清楚，那么沉迷于"追求服务评级"可能会使我们破产。

所有的生意都需要客户，所以买家的观点当然很重要。然而，辨别哪些买家是正确的，以及他们为什么正确，这更加重要。

比客户更专业，这是你的价值所在

这句昂贵的说辞并不仅限于买卖关系，它所涉及的原则和陷阱的适用范围远远不止传统的客户关系。由于有产品服务与金钱的直接交换，所以买卖关系是最容易理解的例子。

事实是，任何外向型的关系都容易受到过度响应的影响。你认不认识这样的人，他们会因为抱有这样的观念而碰到麻烦呢？

- 我的朋友永远是对的。
- 我的家人永远是对的。

我们中任何关心他人的人，都可能会在如何回应他人的问题上失衡。即便金钱不是关系的一部分，这句话也同样适用。我们会着重讨论商业上的情况，但是请看看其他这类昂贵的说辞：

- **艺术家**：评论家永远是对的。

- **老师**：学生永远是对的，或家长永远是对的。
- **家长**：孩子永远是对的，或孩子应该永远是快乐的。
- **教练**：运动员永远是对的。
- **首席执行官**：员工永远是对的。

"永远是对的"这种哲学似乎并不适合其中某些关系，我们也可以想象随之而来的后果。举个例子，你听过医学上有人说"病人永远是对的"吗？

想象一下，你去看你的家庭医生，说："医生，我的肚子真的很疼——我想你需要切除我的阑尾。"然后医生会回答："嗯，病人永远是对的，那我们马上给你动手术！"虽然我们都对自己的健康有着自己的见解，但如果认为自己可以像医生那样进行诊断和行医，那就太无厘头了。并不是说医生不会出错——每个医生都会有偏见和盲点。然而，在医学领域，一般都会假定客户（也就是病人）不具有专业知识。我们去看医生，是因为他们是专家，我们也明白这一点。

在你的领域中，你比你的客户更了解你的老本行吗？

我职业生涯的大部分时间都聚焦在采购领域：帮助企业购买服务和产品。许多时候，公司会用方案征集书（RFP）来记录自己的需求，并与供应商沟通。当我与一家公司合作创建RFP时，我们通常对自己需要什么都会有很好的想法。然后，随着我们收到回复并与供应商开始交流，我们会不可避免地更多地了解市场和解决方案。供应商接触过大量类似公司，因此会提出我们没有考虑过的问题，从而让我们更了解客户的公司以及他们的问题。

回顾这段经历，我发现当我处于客户的角色时，我并不总是对的。坦率地说，更准确的说法应该是至少我一直有一点错。

并不是说客户总是错的（就像说他们总是对的一样）——如果人家是要买一加仑牛奶或一盒铆钉，他可能一早就很清楚自己想要的是什么。然而，如果你从事的是为客户提供服务的行业，那么有必要反思一下，当客户开始与你沟通之时，他们究竟有多清楚自己需要的是什么。

误导：客户并不是合格的领路人

美国俄亥俄州立大学的前任橄榄球教练伍迪·海耶斯（Woody Hayes）被认为是第一个对向前传球表示不满的人。他认为四分卫投球时只可能发生三种情况，而其中两种都是坏事。三种情况分别为：目标接球员可能接住球（好事）；球可能掉到地上（坏事）；球被对方截住（更糟）。

假设客户是对的，其实也可能发生三种情况。同样地，其中两种是不好的：

·**战略失误**。假设客户是对的，就意味着你会跟随他们的指引。如果这让你偏离了原计划的安排或路线，便可能会冲淡你的战略重点，或导致你朝不太成功的方向前进。

·**成本过高**。完全响应化的客户服务是很贵的。这意味着特殊的要求必须得到满足。如果你的商业模式没有考虑到这些成本，并收取相应的费用，满足客户的这些要求可能会吞噬你的利润。

第三种好的情况的确相当之好：欣喜若狂的客户和业务上的成功。在这一点上，我们应该注意，尽管海耶斯发出了警告，所有现代的美式橄榄球队仍然依赖于向前传球。这三种情况依然存在，但教练和球员们已经认识到，在正确的情况下投出正确的球将才能带来成功。取悦客户也是如此，很难想象客户满意度不高的公司能取得成功。关键在于我们响应客户应该以一种推进战略和控制成本的方式。即便对于成熟的公司来说，这一点也并不总是显而易见的。

没有积木的乐高？

乐高玩具陪伴了数亿儿童的成长。五彩缤纷、相互锁定的塑料积木被塑造成了城堡、卡车、恐龙、火箭、各种建筑以及孩子们能想象出的任何东西,激发了几十亿小时的玩耍时间。它是少数几个几乎在全世界受欢迎的标志性世界品牌之一。

乐高公司是一家成功的企业。自20世纪70年代末开始,其销量每5年就翻一番。然而,1998年,该公司在成立50年以来首次出现了亏损。

看起来乐高的买家突然变得稀缺了。这场危机促使乐高对市场进行评估,并寻找新创意。他们采取的关键步骤之一是对目标客户群中的儿童进行了市场调查。其发现让人讶异,而且对于乐高来说甚至有些苦恼:接受调查的大多数孩子都不喜欢建筑类玩具。玩具市场中增长最快的领域包括电子游戏、预组装玩具及与电视节目角色直接相关的品牌。

乐高暗自坚信,客户永远是对的,于是大胆地决定适应这些调查结果,推出了数条新产品线。这类冒险举措包括了电子游戏,几乎是开箱即用的预组装玩具,以及有各种角色的乐高电视节目。

这些响应性的改变拯救了乐高吗?并没有。事实上,一味跟随客户几乎害死了公司。2003年,乐高公司亏损了3亿美元,险些破产。几乎没有哪条产品线受到了消费者的欢迎。新产品还让乐高需要制造的零部件数量翻了一倍,增加了巨大的生产成本。

庆幸的是，对于我们这种热爱这些鲜艳小积木的人来说，乐高重新恢复了生机。他们这时明确否决了从先前的调研中学到的一些"教训"。公司将乐高玩具的零部件数量削减了30%以上，要求所有新乐高套装都按照这个核心目录来生产。他们还叫停了许多与拼搭玩具联系不大的生产线。

正如乐高公司一位高级经理总结的那样："我们必须留在我们清楚仗该怎么打的战场。"这一策略没有响应客户的要求，也没有响应市场的需求。然而，客户做出了回应，从而让乐高创造了破纪录的收入和盈利。

认知缺口：客户经常犯错的三方面原因

如果你不喜欢把那些付钱给你的人贴上"错误"的标签，那么认为客户不明真相或缺乏专业知识可能更好。毕竟，客户可能是自身问题方面的专家，但如果他们号称有解决方案方面的专业知识，这就非常值得怀疑了。他们需要你，因为你是专家。

有几种特定的方式会让客户对于"你是谁"或"你能如何帮到他们"产生误解。有时候这种误解甚至不关乎你或你提供的服务；有时候客户就是不知道他们想要什么或需要什么，即使他们认为自己知道。

方面一：客户误解了对他们来说最重要的东西

如果选购一个新玩意儿，你是否一下子就找到，能给自己带来最大满足感的东西？有证据表明，答案是否定的。

2006年，《哈佛商业评论》发表了一项关于消费者购买决定的研究，结果令人大开眼界。该研究表明，当人们购物时，他们会被具有更多特征的物品所吸引。与更简单的产品相比，消费者们会大为青睐功能更强的产品，比如带有定时器的咖啡机或洗衣机，直接连接到互联网的智能电视，或集成GPS及娱乐系统的汽车。然而，后来当消费者被问及他们对哪些产品最满意时，他们的偏好却朝着相反的方向发展。在很大程度上，客户对那些功能有限的产品最为满意。

换句话说，对于真正重要的东西，消费者普遍存在误解。他们以为自己想要的是有16个附加配件的瑞士军刀，但实际上，他们真正用到并喜欢的不过是把简易的双刃刀。

对于什么能产生长期价值，客户并非始终都很清楚。根据你所销售的产品以及你与客户关系的性质，培训你的客户，让他们更有可能对他们购买的东西产生长期的满意度，这样的做法更值得学习。

方面二：客户误解了关系

一名商人曾请弗兰克·劳埃德·赖特（Frank Lloyd Wright）为他盖房子。他说，当雇用这位著名建筑师时，他认为赖特是在为他工作，但后来他的观点发生了变化，好像他们是合作的关系。到最后，他承认，作为房子主人的他变成在为赖特效劳了。

这位商人的"抱怨"揭示了与伟大艺术家合作可能会付出的代价。它还展示了买方和卖方之间一系列可能的工作关系。在你的客户关系中，谁在把握着愿景方向？你是在实现客户的想法，还是你们在共同开发着愿景，还是客户希望由你来提供方向呢？

如果买家认为他买的是一种东西，而卖家认为他卖的是另一种东西，就会产生矛盾。复杂的、长期的产品，就是滋生这类误解的温床。

因为不同的公司有不同的做法，所以重要的是卖方必须确保买方知道双方的关系会是什么样的。他是想买劳动力来执行，买创造力来设计，还是鱼和熊掌都能兼得？在项目期间，决策应该如何敲定呢？

方面三：客户误解了你们的商业模式

想象一下，你坐在城里最好的餐厅中吃晚饭。你入座后，服务生彬彬有礼地接待你，询问你是否有饮食禁忌。

你说你对麸质过敏，对乳糖不耐受，跟蔗糖相克。那位很专业的服务生微笑着说："没问题！我会跟厨师说，我们会做一些色香味俱全同时符合你要求的食物。"

现在再想象一下，你在一家快餐汉堡店里连篇累牍地说着你的特殊需求。柜台后面那个一脸茫然的年轻人说："呃……要不你就买杯水吧，可以不？"

高档餐厅和汉堡店的商业模式截然不同。客户如果认为能得到相似的体验、服务水平或定制服务，恐怕就是误会了。

没有明确界定商业模式的公司更容易受不同需求的客户的影响。如果你们的模式是对每个客户高度响应并进行适应的话，你可以将自己定位在该细分市场，但这样会很难与响应度较低的供应商进行竞争。

个体客户永远不应该改变卖方的商业模式。虽然在某些情况下，商业模式会随着时间的推移而变化，并可能对市场做出响应，但也不应该针对特定客户的请求或需求进行响应。

定制化还是标准化

几年前，我帮助一位客户在提供外包金融业务服务的两家供应商之间做选择。虽然这两家公司是直接的竞争对手，但它们各自的经营方式却大不相同。

供应商 A 说："我们会与你们现有的团队合作，在你们现有的流程上工作；我们可以使用你们现有的任何一种会计软件；我们的团队可以只让一个人来兼职办公，也可以给你们派一支完整的团队；你们可以自己决定想要什么样的报告。"

供应商B说："我们会进行设计，把数据迁移到我们选定的会计软件上。我们所有的客户都会收到类似这样的报告，你们每个月都会在这三个指定的日子收到报告。你们的发票会是这样的。这是费用报告的流程……"

实际上，供应商A是在说："顾客先生，您说得对。不管您想要或需要什么，都没问题，我们都能满足您。"供应商B则在说："这是我们的流程。我们知道怎么用这种方式来做好这件事，而且我们所有的客户都需要遵守。"

供应商A可以被认为更加灵活、响应能力强，而供应商B则可以说比较严格或组织性较强。不能说哪种商业模式就是错的——只要供应商能够交付，那么任何一种方法都是可行的。几乎必然会失败的是那种介于两者之间的方法，既想高度灵活，又想组织严密，或是简单粗暴地遵循最新客户的要求。

抉择：你可以挑选自己满意的客户

如果你不能完全摆脱"客户永远是对的"这一观念，也许在界定你的顾客群体时就应该更加精挑细选。乐高公司就决定了，那些不想要创造性拼搭体验的孩子，并不是他们想要吸引的客户。

你知道你的客户是谁吗？你是根据他们重视的东西来界定他们的吗？

考虑到 Five Guys 这家连锁店的迅猛发展，你很有可能已经见过这家店或品尝过他们的汉堡。Five Guys 自称是世界上好评最多的餐厅。他们的菜单里包括汉堡、热狗和炸薯条，仅此而已。

几年前，我参加了一次与 Five Guys 的首席执行官杰瑞·马雷尔（Jerry Murrell）以及他的第一批特许加盟商的会议。其中的一些加盟商正敦促马雷尔改变店内的菜单和价格，以回应顾客的反馈。有些人想在菜单里加入火鸡三明治和奶昔。马雷尔不为所动。他认为没有理由去改变他的做法。Five Guys 经常被报纸和杂志评为"城中最好的汉堡"，在所有竞争对手当中，他们的食物评级通常最高。马雷尔把这些归功于自己的专注。他认为，在菜单里加入任何不被普遍认为是世界上最好的东西，都会削弱该品牌的实力。

"人们对奶昔和火鸡三明治的品位各不相同。一旦有一个评论者不喜欢，这就意味着差评。" Five Guys 的目标是成为汉堡爱好者的最佳餐厅。火鸡爱好者可以去别的地方满足他们的口腹之欲。

当一个加盟商请求降价时，对话变得激动起来："买一个汉堡、一份薯条和一杯饮料要花十几美元啊。"马雷尔依然不为所动，他的回答让我印象深刻：

"当然了，人们是会抱怨价格，但顾客不会。我们的顾客很乐意付钱，因为他们知道我们的汉堡物有所值。"

换句话说，仅仅因为一个人来店里买了一顿饭，并不能让他成为顾客——至少在马雷尔看来不是。真正的 Five Guys 的顾客是那些欣赏他们的产品并享受其全部价值的人。如果你的顾客错了，也许你需要重新界定你的客户是谁了。

与客户分手

只服务特定客户群的理念得到了广泛的应用。事实上，在某种程度上，所有行业中都有它的身影。它从销售过程就悄悄开始了。你的定价和产品吸引了一些客户，排除了另一些客户，这些人要么不想要你的产品，要么觉得你产品的性价比不高。

如果你卖的是汉堡或其他相对简单的零售商品,你选择顾客的过程可能在销售时就结束了。然而,如果关系较长且变量较多的话,要确定谁是对的客户就需要靠更复杂的方法了。其答案可以通过客户赢利能力分析的形式来获得。

你知道你的客户创造了多少利润吗?谁是你最赚钱的客户?有没有一些客户导致你亏损?不幸的是,在"客户永远正确"这一前提下行事,往往会导致你在客户那里无利可图。

与让你亏损的客户一起前进会让你走向破产。因此,当发现一位客户不能让你赚钱时,必须有所行动。有时这表示要提高费用来支付额外的服务;有时这可能意味着,要向客户表明,他们的期望应该变一变。

还有的时候,最好的回答就是"再见"。大多数人会觉得,与付给你钱的客户分道扬镳很困难,但有时这是必要的。一个不断发展的企业的成长速度可能会超过一个不愿意或无法改变期望的客户。它让人想起分手时的那句话:"不是你的问题,是我的问题。我只是和以前的我不一样了。"

误区:引发过度响应的错误理念

话语背后的理念会给我们带来麻烦。当你听到"这是他们要求的，我们最好就这样做"或其他类似这样过度强调响应性的昂贵的说辞时，可能需要审视一下你的团队是否进入了下面这样的误区。

误区1：收入比利润更重要

"福布斯500强"榜单和"Inc.成长最快企业榜单"基于的是公司收入。如果一家公司在报纸上被称为是30亿欧元的公司或8000万美元的公司，这些数字同样指的是收入。销售人员通常根据取得的总销售额，而不是利润，来获得奖励。

相比利润，我们的世界更关注收入。考虑到这一背景，以及许多商界人士都缺乏扎实的财务知识这一现实情况，可以想见，职场上的大多数人都会更看重收入而不是利润。认为客户永远是对的，这种观念会放大对收入的偏好。

一个经典的场景能说明我们对收入的倚重：急于敲定一笔大订单的销售人员列出一长串潜在客户提出的个性化要求和修改意见。因为这个潜在客户是一条有望增加收入的"大鱼"，管理层不情愿地批准了这些要求。经过漫长的销售过程，公司终于得到了这笔订单。然而，当仔细盘点所有的更改要求后，他们意识到，自己在这个客户身上是亏损的。他们成功地增长了公司的收入，却把利润给缩减了。

误区2：所有客户都是好客户

有时候，一家公司最迫切的需求就是完成销售。然而，即使在这种时候，也有一些客户你会拒绝，一些项目你不想要。你的团队了解你们目标客户的特点吗？

这一误区与第一种误区密切相关，因为几乎所有的好客户都是能带来利润的客户。然而，有时分析不能局限于财务数字，比如一些好的客户会与你们共享某些价值，或能够推进公司的战略。

举个例子，假设有一家电气承包公司，他们确定自己在服务商业客户方面比服务住宅客户更有优势。也许销售给住宅客户比较容易，但如果公司进行了这项工作，他们就没有足够的精力来寻求和服务那些作为未来基础的商业客户了。

误区3：客户比员工更重要

在一些公司里，"客户至上"的理念已经被"员工至上"的理念所取代。好市多（Costco）是其中最突出的公司之一，它明确地将对员工的重视置于客户之上。

值得注意的是，好市多有着极佳的客户服务。许多企业领导者表示，如果他们好好对待员工，感到满意的员工就会加倍好地对待客户。相反，如果一个员工觉得自己被老板贬低或低估了，这种感受就有可能渗入与客户的交流当中。

极致服务的基础是了解你的团队的身份和优势，并将这些与组织内外进行良好的沟通。在决定"为谁服务、做什么、不做什么"的时候，这种认知有助于你做出正确的决定。

实践：明智应对"客户永远是对的"的明智说辞

控制一句昂贵的说辞所造成损害的最佳时间，就在你听到它之后的下一秒。下面的回答示范和对话主题，可以帮助你的团队找到对客户的正确回应。

直接回应

如果你的团队中有人认为"客户永远是对的"，试着用下面这样的话术回应：

我们当然希望能提供优质的服务，但我们必须要用能够支撑咱们的战略和钱包的方式来做。这个客户和他的需求符不符合我们一贯的交付标准，能不能让我们赢利呢？

当然了，客户永远是对的，但是有些客户可能对于我们的竞争对手来说是对的。如果他们不理解也不欣赏我们的价值主张，我们就不可能让他们满意。

我欣赏你专注于为客户服务，但对我们来说，要满足这位客户就意味着我们将无法为其他客户提供始终如一、经济实惠的服务。

我同意我们的客户总是对的，但也许我们需要改进一下我们对目标客户的理解。除了只看行业和前景规模外，我们的目标客户的价值何在？组织的成熟度又如何？我们可以在什么样的特定情况下提供巨大的价值，促进公司发展呢？

小组讨论

虽然这个讨论与后面的赢利能力的方法有关，但它其实属于一个定性的评估，借此可以概括出与你的团队战略和文化相匹配的客户类型。你也许可以给团队中每个人单独发问卷，来为对话做准备。提出这些问题：

- 你会如何描述我们今天最好的客户？
- 我们的客户里大概有几成符合你的描述？
- 两年后，我们最好的客户应该是什么样的呢？

汇总结果，留意回答中相似和不同的部分。你的团队可能需要就你们所服务的客户类型好好沟通一下，或应该就改变或体面地结束某些客户关系达成一致意见。

寻找合适的客户的一些方法

如果你的团队需要更清楚地了解你们的目标是为谁服务，下列方法也许能助你们一臂之力。

方法一：制作一份"专业知识地图"

你的客户知道你们的专业知识能够帮到他们吗？你的团队知道自己什么地方最具价值吗？要弄清楚这一点，可以用一个简单的表格制作一份"专业知识地图"，以确定哪些人在哪些不同领域最为精通。

如果在项目开始时看到类似这样的专业知识地图，可以避免搞不清什么事由谁来做。有时，它甚至可以消除误会，或激发一些重要的对话：

"噢，我以为是我们来主导创作过程，但你们想来做这个吗？"

"因此你们不做网站设计是吗？有什么人可以推荐吗？"

要是某个领域里不清楚谁比较擅长，或双方都声称很擅长，这些领域要是没有得到确认和规划，就可能是个麻烦。

方法二：客户赢利能力排名

了解客户的赢利能力，对于提高自身赢利能力以及确保正确的增长方式来说至关重要。赢利能力分析可以涵盖详细的成本和时间核算，可能会极其复杂。有时候，进行彻底的研究合情合理，但大多数公司只需要很少几项数据就能编制出有用的赢利能力排名。这里列出了一些精简化的问题：

- 哪些客户很难取悦？
- 哪些客户需要提供定制化服务？
- 哪些客户并不真正懂得我们的价值所在？

你的客户支持团队对于哪些客户最不赚钱会有着良好的直觉，但一定要用事实来支撑这种直觉：故障单、定制要求、投诉、花费的支持时间，等等。

把这些数据按照客户收入整合起来看，你就能对客户的赢利能力了解得"八九不离十"了。至少你能把客户进行分类，并把他们划分为：1. 绝对可以赚钱的；2. 不确定是否可以赚钱的；3. 不赚钱的。

说辞 9

"我们也许可以自己来干"

"我们为什么要花钱请别人来做呢?"

"我们以前的公司就是这么做的;我觉得能琢磨出来。"

"如果你想把事情做好,你就得自己动手。"

"我们可以在内部搞定这件事。"

你是否曾经满怀热情地投入一项家庭改善项目中,耗费许多时间、经历许多挫败后,却发现这项工作的要求比你预想的要高呢?或者你也许听一个朋友分享过一个故事,故事的结尾也许是:

- "试了三次,我们决定还是请一位真正的电工来吧。"
- "就在那时候,我发誓再也不碰水泥这玩意儿了。"
- "因此,我想我们省钱了……如果我的时间值每小时3美元。"

·"18个月后,我们聘请了专业画家来完成这项工作。"

许多经验丰富的房主经过一番艰难困苦后都已经懂得,有些工作着实超出了自己的能力范围。他们可能会做一些与自己的时间、兴趣和技能水平相匹配的事,但他们也清楚什么时候该找来专业人士。

在工作场合,每个团队都面临着这样的问题:什么事该自己做,什么时候该请人帮忙。这是商业中极少数不可避免的抉择之一;即使一个团队的目标是外包一切,也无法外包"外包"本身。"自己干还是出去买"的决策共同构成了工作日常,构成了团队和公司,因为它们适用于许多层面:

·职能层面——我们要外包什么?我们应该让现有的员工来做什么?我们需要在什么领域聘请更多的员工?

·团队层面——我们的团队应该做什么?我们应该把什么留给公司里的其他团队?我们的工作是什么,界限又在哪里呢?

·个人层面——我的角色是什么?什么事我应该承担,而什么时候我该委婉地说不?我该如何集中时间和精力?

划清内部和外部的界限是一项重要的技能;和其他技能一样,它是可以提高的。如果我们得到了正确的答案,我们就能免于承担太多或错误的任务。不过，这种分析并不总是很简单的。

大多数团队倾向低估自己的时间，高估自身的能力，并且轻视市场上的服务和专业知识的可用性。这些倾向使得公司内部承担了太多的事情，不管这到底是不是最好的决定。

错误的答案可能导致企业版的"自己动手"这种灾难的发生：

·你让技术支持团队来负责客户管理，然后知道了他们并没有客户关系方面的良好技能。

·你的应付账款专员接手了给客户开账单的工作，留下了一堆财务问题，你的会计花了好几个月时间才理清完。

·一位热心的市场分析师答应建一个新网页，但4个月后才勉强起了个头。

我们会把"好的"当成一个积极的词，但如果你的团队接受的项目其实最好留给其他人来做时，它可能会以风险增加、质量降低并造成延期而告终。它甚至也许省不了钱，尽管"希望省钱"往往是我们选择自己动手的主要原因。

悖论：想省钱反而多花了钱

省钱的代价可能会很高。让我们从"自己干还是出去买"的角度来解读这种讽刺。显然，自己动手完成一个项目，意味着本来需要付给其他人的钱可以留在你的钱包里。这是一件好事。

然而，这个项目肯定需要耗费时间来完成——要么是你的时间，要么是团队中的某个人的时间。时间是一种真实的成本，它常常既会被轻视（你的时间价值被看得很低），也会被低估（认为一项工作要花的时间少于实际需要的时间）。让我们看看那些在"自己动手的成本"中不太明显的组成部分：

·**做好工作的成本**。除了该项工作所需的用具以外，可能还需要专门的工具，或用来学习适用的技术的额外时间。

·**做错工作的成本**。如果任务做错了，可能会产生善后成本——在某些情况下，善后成本恰恰会支付给那些你本来不打算用到的专业人士。

·**延期的成本**。让一个外部专家来做你的项目，其中的部分价值在于，你能享受到要求别人在截止日期前完成任务的快感。如果一边进行日常工作，一边还要为一个项目挤时间,你就必须分清主次,或进行同样力度的问责。

·**风险的成本**。如果请到合适的供应商,他们会把你的工作带走——同时也会带走你的担忧。他们是专家,会对结果负责。即使你能亲自完成这项工作,成果的质量可能与专业人士的有所不同。

需要留意的是,即使你请来专业人士帮忙,这些成本也有可能会上升,因为有时候"专业人士"并不像我们期望的那么专业。然而,大多数情况下,专业人士的帮助通常能降低成本。

自己动手的项目出了问题,默默泡了汤,或在一场华丽"爆炸"中告终,无论哪种情况,说"我们也许可以自己来干"的代价在事后会变得很明显。如果你能从这种失败中吸取教训,从而坚定地坚持自己的核心技能,那么这样的失败也是值得的。因为,正如我们将看到的那样,如果工作进展顺利,代价可能会更高。

成功会让陷阱越来越深

当我们亲自做一项任务时,任务失败并不是唯一需要担忧的。如果项目竟然进展得很顺利,随之而来的可能是更严重的损害。短期内占得上风也许让你感觉不错,但它也可能诱使你走上一条有着隐含成本和混乱策略的道路。

这个明显的悖论与机会成本有关。当次要的活动分散了公司对核心项目的注意力时，机会成本就会发生作用。核心项目是公司最擅长的职能，是据此赚钱的利器，也是推进公司使命的活动。

下面举个简单的例子，把它分享给你的团队，可能会对你们有用（我加入这个例子，是因为知道很多人都能从有关机会成本的一个实例中受益）：

假设一名医生拒绝聘请一名办公室经理，因为她不想付这个钱。然后她有一半的时间花在安排预约和处理文书工作上，于是不得不拒绝病人。这位医生不请办公室经理然后省下了钱了吗？从单纯资金的角度来看，医生实际上是在省钱的。她不必多付一份薪水。然而，直觉还是告诉我们，她做的是一个糟糕的财务决定。

只看这名医生的现金流出项是错误的，因为这忽略了机会成本。正确的决定要求我们考虑，如果医生能把她可用的时间在接待预约看诊上增加一倍，她就能多产生多少收入。十有八九，这部分收入覆盖一个合格办公室经理的成本绰绰有余。

换句话说，说"我们可以自己来干"这句话最大的代价，可能既不是金钱也不是风险,而是从更重要的工作上被引开的时间和精力。你的团队接受的每一个非核心的任务都会带来机会成本。如果一个营销团队决定做一个构建网站的技术项目,那么他们花在编码、设计和测试上的每一分钟都没有用在营销上。

史蒂夫·乔布斯有句名言,说"战略就是学会说不"。这句简单的格言反映了一种深刻的道理,即任何新项目都有可能分散团队的注意力,分散团队对首要目标的注意力。很少有团队能够同时进行多个不同种类的项目,并在这些项目中取得卓越的成绩。

为什么我们会认为能自己来干

我们之所以去做很多事情,有时不仅仅是为了省钱。如果"我们也许可以自己来干"似乎在带着你的团队走上一条既不符合战略也不经济实惠的道路,那么它可能源于下列这些不那么值得的动机:

·个人偏好或者晋升机会 —— 一位团队成员接受一项任务,可能是因为他成果瞩目,可能是因为这是一次很好的学习经历,可能是因为他听起来很好玩,也可能是因为他在其岗位上没有足够多的事情做。对于有些工作来说,这些理由可能已经绰绰有余，但是一个战略性的项目则需要一个更加强有力的理由。

·闪闪发光事物的诱惑——几年前，我公司的高层花了大量的时间，计划在印度建立一个客户服务中心。这个中心会对我们有所助力，但它与我们的核心业务毫无关联。作为公司来说，我们想要这项服务，然后想着"我们也许可以自己来干"。谢天谢地，这个项目并没有实施。但我们花了很多时间思考和讨论这个问题，这一事实本身就令人担忧。我们思考的是什么？在我们的例行公事和专业知识之外的一个新鲜独特的项目可能非常具有吸引力。当我们的主要业务感觉像一桩苦差事，或是我们可能正在逃避一个应该关注却令人不快的现实时，我们会更容易受到它的吸引。

·对自身优势的偏袒——有句话说，如果你只有一把锤子，那么所有的问题都会看着像钉子。我们大多数人倾向于高估自己的优势和观点。如果对自己能力的偏袒导致我们用错误的方法解决问题，那么这种倾向就会成为问题。

·害怕授权——顽固的骄傲、无知或心胸狭窄会让人们认为只有自己才能用正确的方法完成某项任务。（有关授权的好处，请参阅第二章。）

"如果你想做好一件事，你必须亲力亲为"

这本书审视了不少众所周知的谚语和名句。其中大多数都有对的一面，但也有可能会被错误地使用。因此，我会带着一定程度上的尊重来批评古老谚语。然而"如果你想做好一件事，你必须亲力亲为"这句话完全是胡说八道，我们永远应该对它进行质疑。

值得庆幸的是，我经常听到这句话只是被用来开玩笑。（比如说，"拉瑞啊，你想讲这个故事呢，出发点不错，但还是让我来吧。如果你想做好一件事……"）然而，想象一下，如果人家不是在开玩笑，这句话将意味着什么。认为只有自己才能达到自己的标准，这是多么可怜的世界观，何等的傲慢和孤独啊！如果你发现自己脑海中有这句昂贵的说辞，那就退后一步，解决这个问题。

几十年前，一些工业企业以"非本地制造"（not made here）的心态而闻名，在这种心态下，来自组织外部的创新会被迅速驳回。如今，由于有了来自世界各地的大量创新，这种想法变得过时且幼稚。没有人能垄断正确的做事方式，那些坚持自己做每件事的人会被留在过去。

对于任何给定的问题，我们可能没有最好的答案。这是个好消息。只要我们愿意，这个世界上有足够的解决方案和专家内行能够帮助我们。

外包：专业化时代的合理选择

多年来，我一直建议客户将他们的 IT 部门或会计部门外包出去。许多公司都提供这些服务，他们大多能给客户降低成本和风险。尽管有这些优势，出于对信任的顾虑，许多公司领导还是不愿聘请外包公司。对于像数据安全或财务运营这样重要的事情，他们不太愿意信任外部公司。强调信任是有道理的，但其背后的假设可能是错误的。

如果一家公司在机构内部处理 IT 或会计事务，它就是在信任这些部门的领导以及所有有着使用部门资料权限和特权的下属。公司对这个团队的品格和能力都持信任态度。换句话说，这个团队不仅必须远离造假和粗心，还必须始终紧跟时下的技术、流程和政策。

一个外包合作伙伴则更有可能达到更高的信任门槛。首先，看看他们的业务规模和范围。当你的内部团队在为你的公司服务时，一个高质量的供应商在为有着不同需求的各类客户提供着服务。为许多公司提供服务能使其接触到最佳的实操办法以及行业趋势。这要求他们建立起可靠的方案，并使得他们能够多次重复操作最重要的任务。

其次，想想正确履行任务的优先级和重要性。由于外包商唯一的目标就是提供某个领域的服务，这项服务如果失败将会是灾难性的，并可能威胁到公司的生存。举个例子：如果一家园林绿化公司出现了会计问题，那就只是会计上的问题。如果一家会计公司不能把他们的账算清楚，这可能意味着他们入错了行。

我们倾向于相信身边的人，因为我们了解他们。然而，如果我们考虑一下表现良好的动机和失败的后果，通常更理性的做法是把具体的任务托付给组织外部的人。

太过重要，不能自己来干

薪酬管理是外包中的一个突出代表。在薪酬外包成为普遍现象之前，请另一家公司来处理员工薪酬，这在当时哪怕算不上不计后果，也可能显得相当奇怪。想象一下，在20世纪50年代，一家中型企业的老板可能会对一名薪酬服务销售人员做出怎样的反应：

当然了，我可以请别的人来帮我们送货。但现在你想让我把我们的钱交给别的公司，然后相信他们会给我们的员工付工资？有什么比我们的钱和员工更重要的呢？

然而，到了21世纪，几乎所有美国公司都通过第三方供应商来处理薪酬。甚至来说，不与薪酬服务公司的任何人当面会谈，直接通过电话或在线方式进行这方面安排的公司也并不少见。

薪酬对公司的运转和发展相当重要，必须准确进行处理（也就是说，一家公司不可能在长期把薪酬搞得一团乱麻的情况下，还能在行业里生存）。薪酬外包已经变成了一种明摆着的事情。

薪酬这重要的性质正是几乎每家美国公司选择外包的原因。虽然我们的第一直觉可能是，某些任务"太过重要，不能假手于人"，但在如今的市场上，把最关键的任务交给别人来做也许会对我们更有好处。外部专家很有可能会更可靠、更实惠、更高效。

与专家接触机会的增加

假设我是一个车迷，我喜欢自己动手维修自己的车。我每年给汽车换三次机油。这意味着在10年内我要换30次。这项工作我应该能做得很好，效率也相对较高（至少按一个业余汽车发烧友的标准来说）。但是把我和专业的换机油店比一比，那里的技术员一天也许能换上30次机油。与他的经验相比，我的经验显得不足挂齿了。

也许，就更换机油而论，风险很低，任务也足够简单，经验的差异不会造成太大的区别。这一原则其实适用于所有领域的所有任务。

诚然，你可以自己搭建公司网站，但你是愿意慢慢自己摸索，还是相信一家已经建立了100个网站的公司呢？当然，你可以自己处理公共关系，但如果有一位有20年经验的人帮你，你可能会得到更好的结果。没错，你可以自己跟供应商讨价还价——毕竟这也不是什么脑外科手术这样的高难度操作。然而，也许一位在过去10年里与数百家供应商进行过谈判的人能发现一些你看不到的角度，而这可能会省下一大笔钱或保证更好的质量。

20世纪末以来，随着移动化和通信技术的迅速发展，专项任务上的技能提升速度越来越快。因此，眼下外包的机会比以往任何时候都多。互联网和全球航运经济为更广阔的市场提供了更加宽敞的入口，这意味着为专业化提供了更多的机遇。

我们从生意人的角度看看这件事：如果一个人在20世纪60年代的职业是给腊肠犬做衣服，那么潜在买家可能仅限于他所居住的村庄或城市。如果只有1%的人有腊肠犬，其中又只有10%的人会给这种腊肠形状的宠物穿上衣服，那么这个市场将会相当之小。如今在互联网时代，这家犬类服装公司可以在全球范围内进行高效的广告宣传，而且隔夜就能将产品送达客户。这对他和他的客户来说都是好事：这代表着更多的销量、更大的规模、更专业的知识和更低的成本。

选择专注方向的自由

你的组织面临的几乎每一个问题,在你们之前的数十、数百或数千个团队都曾经面对过。专业化、全球化和技术化的聚合效应,意味着你基本上都能找到问题的答案。你很少会在全新的土地上耕耘,能够找到非常有效的解决方案来满足你的需求。

也许有那么一段时间,你的第一反应会是"我们也许可以自己来干"。说不定这样的地方还是存在的——也许你被困在荒岛上,或是在独自露营。如果你不是身处这种遥不可及的场景中,并且你需要完成一些事情的话,第一个问题最好是:谁能为我们做这些事?

在许多领域,不仅可供选择的范围在扩大,而且随着成本的降低,质量也在提高。如果你在做着什么时候自己干、什么时候出去买的决定的话,理解这种变化对于拥有正确的心态来说是至关重要的。

如果一个管理团队选择将产品开发、营销、运输、客户服务以及财务运营外包出去,那么大批有经验的供应商会排着队想要拿下这些工作。正如本章前面所提到的,企业领导者必须具备的能力之一,就是决定什么让全职员工来完成,什么从外部公司来购买。

计算：到底自己干还是出去买

我们刚才已经梳理了在机构内部做太多事的潜在成本，了解了我们倾向于自力更生的原因，看到了变化了的市场能提供比以往更多更好的解决方案。或许这些看似都指示着同一个方向，但我一直以来只是想把这些梳理清楚，这样我们就可以睁大眼睛，开拓思想，来做"自己干还是出去买"的决定。

我们从项目本身开始说起。无论你是在修篱笆、推出一条新的产品线、撰写白皮书，还是在收购一家公司，在决定自己干或是寻求帮助之前，你都需要回答几个简单的问题。你需要评估团队的能力、该项目的财务成本、团队的时间表，还要对机会成本和代理成本进行评估。

质量——你能干得了这份工作吗

"我们也许可以自己来干"这句话引发的第一个问题就是：你能吗？显然，你的团队不应该接手任何达不到可接受标准的工作。不过，你如何定义什么程度的质量才算得上足够好呢？

可以考虑这两条底线。第一条是满足你需要的基本结果的最低性能要求。因此如果手头的任务是要发送一份营销通信，那么要应对这个质量问题，首先应当回答你的团队是否能够撰写通信的内容，进行适当排版，再通过邮件或电子邮件将其发送给目标受众。

假设你的团队可以达到第一条底线的要求，那么下一条底线则是商业上的标准。如果你请一家公关公司来撰写和发送这份通信，那会是什么样子？

现在来比较一下这两条底线，它们之间有什么区别呢？你们团队的表现和第三方的表现是否有着明显的差异？这个差异会影响到你的结果吗？

成本——完成这项工作需要花费多少成本

如果你的结论是你们可以在公司内部完成一项工作，并且质量尚可，那么下一个问题就是：需要付出什么成本？在内部做这件事要花多少钱？

这里进行比较的关键因素是请其他人来做这项工作的成本。如果你们请供应商来做，成本会比你们自己做更大吗？

对于小型项目来说，对内部和供应商的成本"连蒙带猜"大致估计一下也许就够了。（只要记住，猜毕竟是猜；了解外部供应商成本的唯一方法只有取得书面报价。）

时间——你什么时候可以完成这项工作

如果对质量和成本问题的答案清楚表明，你应该自己完成这项工作，那么接下来要考虑的就是日程安排。你能在不影响其他重要事项的情况下，在一个可以接受的时间范围内完成这项工作吗？

时间限制是请其他人来完成工作的正当理由。如果这真的就是唯一的理由——意思就是你有着达到正确质量的专业知识，并能以合理的成本完成工作——那么你的情况就是纯粹被产能所限制。如果是这种情况，你可以权衡一下这两个选择，到底是请供应商来做这个项目，还是雇用额外的员工来增加产能。

衡量机会成本

在任何行业，甚至在个人层面上，如果能够算出完成一项既定任务或项目在财务上的机会成本都是有益的。做这件事，需要你给你的时间和团队成员的时间赋予特定的值。

机会成本并不是绝对的，而与时间会被如何利用的价值有关，因此对于团队中的不同角色来说机会成本是不同的。如果你们的软件工程师有一个影响巨大的项目积压待办，而客户支持团队有30%的工作时间闲置，那么开发人员的机会成本更大，而客户支持团队的机会成本可能接近于零（直到他们的日程安排满了为止）。

机会成本可能会随着周期变化，甚至在一天中的不同时段也可能不同。如果你的公司要在10月份举办一场大型会议，那么员工在9月份可能会格外忙碌。因此，尽管你可能会在一年中不同的时间接手一个内部项目，但9月份的机会成本会更高。

然而，计算机会成本还有一个变量与重心和技能有关。如果只是因为某个人有30%的时间空闲，并不一定说明他能在不影响另外70%的情况下，接手一个大型项目。

所有这些变量都表明，机会成本并不是决定"自己干还是出去买"的绝对指标，但不要因为这一点就不去给你的时间赋值并得出一个数字。哪怕只是估算也会对于改进决策有所助益。

涉及家庭事务时，机会成本同样切实存在。如果你决定自己修建庭院，那么这项工作将会占用你周末可用的时间，你本来可以用它和朋友打高尔夫球，去看孩子的足球比赛，或单纯放松。

如果我有一个"周末时薪"能派上用场，我就可以用它来决定是自己干还是找别人来修剪自家的草坪。如果把修剪草坪当成一项两小时的任务，并把我周末的时间以每小时20美元的价格计算，那么显而易见，花30美元请邻家小伙帮我修剪草坪，我就赚了。

同样，这个项目也许是一项能让我得到满足，而且本身也有价值的活动。或许它还可能是我所珍惜的与朋友或家人共同做的事情。在这种情况下，我可能会放弃我的"收费"，然后赋予这个项目优先权。

衡量代理成本

外包一项业务并不意味着你可以"把它扔出去"而完全不用再关注它。如果你聘请了一个供应商，那么管理这个供应商也会产生相应的成本。

通过第三方，比如供应商或经纪人，进行工作的成本称为代理成本。代理成本包括沟通的成本、失控的成本、外部实体参与的潜在附加风险成本，以及当你自己不亲自做事时所产生的其他管理成本。

经济学者提出，无论代理是内部的（在你的团队中）还是外部的（供应商或承包商），代理成本都是恒定的。换句话说，管理供应商所涉及的麻烦和费用不应该超过管理员工或内部团队的成本。

这是理论上的说法。在现实世界中，用外包供应商，代理成本可能更高，也可能更低。成本在某种程度上取决于组织自身，取决于供应商，取决于沟通情况，以及取决于所涉及服务的复杂程度。

虽然没有一个固定的公式能可靠地预测代理成本，但在市场选择较少、功能也不太成熟的情况下，这些成本可能会更高。相反，在市场供应成熟充裕的地方，代理成本可能会更低。（再看一下薪酬处理的业务，外包供应商每月要处理数百万份工资。）

要估算代理成本的话，首先要问两个问题：

- 找到一个合格的供应商有多难？
- 如果我们不得不换掉供应商的话会有多难？

如果找到以及更换供应商相对容易的话，代理成本很可能不会高。（这也意味着，如果你需要的话，找到其他人一起共事也会比较容易。）

如果你已经了解了质量、时间和成本的基本要领，也考虑了机会成本和代理成本，你就有了足够的信息来做出一个合理的决定。

战略：基于底层逻辑思考业务选择

日复一日、周而复始地"自己干还是出去买"的决策，不仅仅是战术上的事。在实际过程中，业务和战略是不可分割的。如果你决定自己印制年度报告，或多或少，你都算踏入了印刷行业。在某种程度上，你实际上是在与联邦快递以及其他印刷公司竞争。这并不是说你想窃取联邦快递的客户（也就是你们自己公司），而是你在打赌你能像他们一样高效地完成这项工作。

同样的原则也适用于，如果你决定自己买房子再把其中一部分转租给其他公司，而不是自己去租房，那么你就进入了商业房地产行业。如果你有几个负责招聘的员工，那么你就身处招聘业务领域之中。

有时候，你自己印制报告，买下房子，或是雇用一名全职招聘人员，就是正确的决策。然而，如果你的团队中有人说"我们也许可以自己来干"，妥当的做法是用战略性的问题来回答：

· 我们想做这块业务吗？
· 我们的实力与该领域的领军者不相上下吗？
· 我们能聘请到该行业最优秀的人才吗？

清楚什么时候该说不

你的团队是否擅长对正确的事情说"是",对错误的事情说"不"呢?你是否有适当的标准来评估哪些属于核心,哪些不属于呢?你的团队是为了一个目标而建立的,而这个目标决定了你们应该做什么。

假设你是"大招牌公司"的首席执行官,这是一家为商户搭建大型户外广告牌的公司,而我是你们的销售副总裁。我提出了一个实例,表明我们需要一个更好的方法来记录销售团队的成果,然后我建议你花钱买一个销售跟踪系统。我相信自己清楚如何构建这个系统,如果我与一个软件团队签下6个月的合同,他们就能在我的指导下整合完成这个系统。

如果你问我是否学过软件开发方面的知识,并提醒我,我的工作是提高我们销售人员的业绩,而不是去构建系统,几乎可以肯定的是,购买一个现成的销售跟踪系统是个更好的办法,或者如果有必要的话,由专门从事这项业务的公司定制一个系统也行。虽然销售也许是我的主要工作,但构建销售跟踪系统可能并非我的核心任务;这不是我的工作的分内之事。

现在假设这家公司需要在其新的临街办公地点前面放置一个招牌。既然别人是花钱让我们制作大型招牌,我们也可以自己做自己的招牌,而且应该能和其他家同样高效。

（起码我们应该最好能做到……并且那个招牌最好看起来就很棒。）

想找到你个人或者公司核心事务的真正方向，有许多"指南针"都能帮到你。在不借鉴其他方法的情况下，我认为市场就是一个简单的委托模式。如果有客户从我的公司购买了一项服务，这就证明该服务可以出售，意味着我们是该服务领域的专业人士。

"你们可以做到的，对吧？"

如果只是有人愿意付钱给你，并不意味着你就应该答应接受一个业务。假设有一家专门做地下室的住宅建筑施工企业。有一天，公司总裁正在为一位兴致勃勃的客户进行一个项目的收尾，这位客户停下来，欣赏着他们的成果。他对这家施工企业说："我们想在房子后面新砌一个平台。你们可以帮我们做的，对吧？"

如果这种认定和销售机会让我们做了一个我们不想做的业务，那么它就可能会成为一句昂贵的说辞。看起来，一个有专业技术来完成地下室装修的施工企业——他们拥有电气、管道、木工和精修能力——应该也会做一个看上去做工相对简单的平台。然而，也许这项工作的某些部分是不同的，也是至关重要的：比如铲除土方和夯实地基。

也许还会有与室外项目相关的市政许可和潜在的天气因素，增加了它的复杂性并提高它的成本。

虽然这家施工企业也许能砌好一个平台，但这可能与它的业务结构和业务计划并不相符。从另一个角度说，这从战略上看也可能是一个拓展业务范围的绝好机会。关键在于，如果与设想好的战略相一致，对有偿工作说"是"就是一件好事。

不同的增长路径：RCA与通用电气

你有没有看过一张老照片，上面有一只狗在听着一台古董留声机？

那台留声机是由RCA唱片公司制造的，该公司在个人娱乐设备发展的最初几十年里都处于领先地位。后来，作为第一家大规模销售电子式电视的公司，它取得了巨大的成功。在占据日进斗金的消费性电子产品领域的主导地位时，公司开始问这样一个问题："还有别的什么是应该由我们自己来干的？"他们开始在其他领域进行投资。在20世纪60年代和70年代，RCA成了一个广泛涉足诸多领域的综合性企业集团，收购了从租车、冷冻食品，到图书出版、房地产等多个领域的公司。他们收购的所有企业都有各自的优点，但他们与消费性电子产品制造几乎毫无关联。当RCA的管理层沉迷于合并和了解不同的行业时，数家日本制造企业在电视制造上应用了新的技术。他们以更低的价格提供同等或更优的产品，随后便从 RCA 手中夺取了大部分市场份额。终于，RCA 又想回到其核心业务，但他们没能成功回到电视市场的领先地位。公司的价值暴跌，并于 20 世纪 80 年代中期被收购。

RCA 的崩塌被认为是美国商界的一次历史性的失败，但它并不是仅此一例的。在成千上万的事例中，大大小小的公司扩张得太厉害，然后为缺乏重点付出了代价。（其中是不是也有你曾经工作过的公司呢？）

RCA 的故事特别有趣的地方在于，它的历史与其收购者更为人熟知的故事形成了鲜明对比。通用电气公司也是一家多元化的企业，拥有许多互不相关的业务；然而，它的历史表明，多样性并不一定会导致疲软或平庸。

1981 年，杰克·韦尔奇成了通用电气的首席执行官，此前 20 年他在这家企业担任着工程师、经理和副总裁。他做过数条不同的业务线，发现通用电气有很多表现一般的领域，损害了公司的声誉。那个时候，通用电气实打实地拥有数百条产品线，它能削减到只保留两三条吗？实事求是地说，这种程度的削减是不可行的。然而，精益求精的韦尔奇采取了不同的策略，他下令对整个公司进行系统性的复盘和全面性的检查。

韦尔奇和通用电气是如何回答"我们应该开展这项业

务吗"这个问题的呢？标准很简单：通用电气所保留的每一项业务，其市场份额必须处于世界第一或第二的位置。任何他们已经身居此位的产品线，他们都会予以保留。如果他们的某个业务领域在其所在的行业中没有处于第一第二的位置，公司就会对其进行调整、出售或关闭。

事实证明，对通用电气来说，这种"要么第一，要么第二，要么不做"的方法极其成功。尽管剥离了许多业务，但这家公司不断公布出创纪录的收入和利润，并在韦尔奇担任首席执行官的期间将其股票价值提高了 40 倍。

实践：明智应对"我们也许可以自己来干"的方法

你的团队清楚如何在战术和战略两个层面上划定其工作范围的边界吗？本节会说明具体的策略、方法和对话内容，可以用来摆脱稀缺罕有的束缚，找到更多的选择。

直接回应

首先从说话开始。要用更好的说法来对抗昂贵的说辞。如果有人建议你应该让公司内部来接手一些工作，而其实这些工作由供应商来解决可能更好的话，试着套用下面这样的回答：

说得没错，我们也许可以自己来干，而且我也不怀疑我们能做好这件事。然而，考虑到我们的业务有轻重缓急，并且事实上其他公司也在提供这项服务，或许更明智的做法就是找一个合作伙伴来做这件事。

这件事符合我们的战略计划吗？我不愿意从核心任务中抽出资源，除非你认为这是我们计划在未来18个月会推向市场进行出售的东西。

有人会出钱让我们做这件事吗？我想知道是否有一些复杂的因素是我们目前没有看到的。

我知道你们的团队能做这件事，我也不怀疑他们能做得很好，但我不想分散他们的注意力。

小组讨论

如果在你们团队的对话中经常出现有关稀缺性的话语，那么用下面这些诊断问题来分析几个相关的理念可能会有所帮助。

优先顺序：

- 我们清楚自己工作的优先顺序吗？
- 我们有足够的资源吗？
- 有没有可能我们想做的太多了？

供应商和合作伙伴：

- 我们为什么会用外部供应商？
- 我们什么时候会用供应商，什么时候会在公司内部处理？
- 我们与外部供应商最棒的合作经历是哪些？

核心业务：

- 作为一家公司，我们最拿手的事情是什么？
- 我们是否在尝试做一些不属于我们核心业务的事情？
- 公司内部做的哪些业务是没有人会付钱请我们做的？

结语

如何巧妙应对各种昂贵的说辞

欢迎加入反昂贵的说辞的战斗！我们需要你加入我们的战队，但也许我应该先警告你：产生意识可能会成为一种负担，刚开始你可能到处都会听到昂贵的说辞。

为了准备应对这些汹涌潮水，我们现在列出一些在本书里没有一"章"之地，但不久后可能会浮现在你周围的一些话语。更好的是，我们会提供一个通用的方法来机智又高效地应对所有的昂贵的说辞。最后，我们会把昂贵的说辞与你可能遇到过或想进一步探究的其他概念和思路联系起来。

亲戚：代价高昂的其他借口

本书中，我们深入研究了九个具体的说辞。这九句话中的每一句都会有些措辞不同的"亲戚"，而在它们当中，我们已经提到过不少会降低团队决策质量的有毒思想和误导性语言。然而，本书没有把它们全部罗列出来。这里我们列出了一些值得进行不光彩点名的借口：

"这已经低于预算了，所以我们就不用再讨价还价了。"

预算是随心所欲的，与市场或价值几乎没有关系。如果你的预算比去年的低，但市场价格下跌了50%，那么你就是多花冤枉钱了。（美国政府之所以积累了20万亿美元债务，关键之一就在于由预算驱动的采购。）

"好服务值得花钱买。"

"服务好"是挺不错的，但有时候你不需要付更多的钱就能得到很好的服务。此外，服务是一项特色，它可能会让你离业务目标更近，也可能不会。如果一项服务不仅好，还与众不同，并且能直接转化为你业务上的成功的话，那么它可能就是值得你花钱买的。

"这种价格很快就没有了。"

促销去了又来；价格潮起潮落。有时候你可能会错过一笔划算的买卖，但让别人的促销计划来决定你的采购决策肯定会让你多花冤枉钱。这种稀缺性和紧迫性的结合会导致错误的购买、错误的数量和错误的价格。

"它在打折！"

在我父母结婚的时候——传说就是这么开头的——我的外公把他的新女婿拉到一边，送给他一句祝福的调侃。"现在她可以开始省你的钱了，"他开口道，"我可不用她再给我省钱了。"我得声明一下，自打我记事以来，我母亲在消费方面一直很节俭，也很明智。不过，在省钱的名义下，每个人都有忍不住花钱的时候：

- "这是团购价哎。"
- "这是买一送一的哎。"
- "我有一张六折优惠券快要过期了，所以我没忍住。"

如果是为了计划中的采购而慎重使用的话，这些折扣就会是很有价值的工具。然而，如果"不打折的时候我会买吗？"这个问题的答案是否定的，更明智的做法应该是忽略这次打折，坚持按你的购物清单来采购。

刹车闸：改写昂贵的说辞的三个问题

接下来的一周，你应该会听到很多潜在的昂贵的说辞。你甚至可能自己就会说一句出来。当这种情况发生的时候，我希望你能用一个简单的思考来应对：

"刚才那句话是一句昂贵的说辞吗？"

一句话就只是一句话：它不是一个人，不是一个公司，不一定是一个根深蒂固的信仰，甚至不一定是一套完整的想法。我们都有权利偶尔把一些不得当的或令人困惑的词语串在一起。如果及时并温和地对自己和他人进行质疑，我们就有可能只用极少的额外成本就快速改进自己的前进路线。我希望你能养成评估话语的交流习惯，包括你团队说的话，以及和家人朋友一起时说的话。以下这几段就是特意为你这么做而准备的模板。

前面我们审视了一个排比性的列表来帮我们识别出那些语句：困顿不前、与众不同、稀缺罕有。我们针对这些进一步提出了三个问题：

- 你是否困顿不前呢？
- 某个人是否与众不同呢？
- 某样东西是否稀缺罕有呢？

如果其中一个或多个答案预示了昂贵的说辞，我们通常可以用另外三个问题来击败它，这些问题以"为什么""什么时候"和"如果"开头：

- 为什么这句昂贵的说辞是正确的呢？
- 什么时候这句昂贵的说辞是正确的呢？
- 如果这句昂贵的说辞不正确怎么办？

这第一个到第三个问题构成了对话的闭环。在谈话中，我们与他人互动，建立融洽的关系，一起审视我们的想法，目标在于用一个新的视角来启发他们。

互动：为什么这句昂贵的说辞是正确的呢？

第一个问题是本着谦逊的询问态度提出的。我们的假设是这句昂贵的说辞有一定的正确性，原因有二。首先，正如我们所看到的那样，几乎每个昂贵的说辞中都包含着一定程度的事实。其次，如果我们的目标是要说服别人改变他们的观点，那么通过与他们靠拢，而不是立马就否定他们，成果就会更为显著。（也就是说，如果说"这有点意思，咱们一起来仔细想一下"会比说"真是死脑筋才会说这样的话"效果更好。）

记住，一句昂贵的说辞并不反映着本质上的坏或蠢。在某些情况下，它可能反映了真正的智慧，而第一个问题的目的正是为了确定为什么这句话在那些情况下是有用的。当我们一致认为这句话有一定的有效性（在此过程中还建立了一定程度的融洽关系，并强化了信任）后，我们可以接着问第二个问题。

审视：什么时候这句昂贵的说辞是正确的呢？

第二个问题隐含着一个前提，即这个昂贵的说辞需要在一定条件的情况下才能成立。你可以把重点放在手头的细节上：

好，那么我们现在已经讨论过了这句话有时是正确的，有时不是。我们确定眼前是它适用的场景之一吗？为什么是呢？为什么它有可能在这里不适用呢？两种情况下，我们各有几成把握呢？

第二句的目的是要检验这句话的一般性是否符合当前的现实。除非答案是一个无懈可击、绝对肯定的"是"，任何其他答案都表明，我们有必要继续讨论第三个问题。

启发：如果这句昂贵的说辞不正确怎么办？

通过对这句话提出一些疑问，我们就有理由产生希望。也许我们没有困顿不前；也许那个供应商的独特性，并不会限制我们的选择或让我们花冤枉钱；也许有些东西并不像我们想象得那么稀缺罕有。这是个好消息，问"如果这句昂贵的说辞不正确怎么办"的意义就在于确定一些具体的可能性，既然我们的思维更加自由了，我们就更可能愿意接受这些可能性。

- "如果他们不是这座城市里唯一能为接手这个项目的人，那么我们很有可能可以找到一个更好的价格，省下来的钱可以用来多招一位同事。"
- "如果不需要下周前开始这个项目的话，我们可以多花点时间来找到一个更好的解决方案，这也许能减少我们的工作量。"
- "如果他未必是我的唯一，那么我想我可以提高我的标准，开始寻找我的真命天子。"

我很喜欢在回答第三个问题时用的启发（enlighten）这个词，因为当把一个人从一句昂贵的说辞中解救出来时，我们实际上给他的境遇带来了更多的光明（light），也减轻（lightening）了他们的负担。改写昂贵的说辞可以真正地改变生活。

关联：站在更高的角度来看

正如我在引言中和你们分享的那样，我是在工作中偶然发现了昂贵的说辞。我的发现一开始局限于公司采购决策的制定过程中，但很快就扩展到了几乎所有的团队决策。我相信"昂贵的说辞"这个标签对于这些场景来说是个有用又新颖的术语。不过，我不能说这个概念完全是我一人独自构思出来的；它与那些关于人类如何思考和互动的新近和经典的观点有关联。我认为把这些观点联系起来可能会有所助益。

莎士比亚和科学

在《哈姆雷特》的第二幕中，罗森格兰兹和吉尔登斯吞拜访了看起来很忧郁的老同学。当丹麦人哈姆雷特把丹麦称为牢狱时,他的忧郁显露无遗。他的朋友们一脸茫然,丹麦?牢狱?他们反对道:"我们倒不这样想,殿下。"

哈姆雷特说:"那又是为什么呢,因为世上的事情本来没有善恶,都是个人的思想把它们分别出来的。对于我来说,它是一所牢狱。"

思想和言语的力量在心理学和医学中得到了广泛的研究。一种名为认知行为疗法(CBT)的心理治疗形式已经成功地应用于从背痛、焦虑到上瘾、失眠等一系列的疾病。从根本上讲,CBT旨在用更健康的信念取代无益的思维和行为。

在流行心理学和自我提升学说中,昂贵的说辞与"限制性信念"和"自我对话"没什么不同。这两种标签都反映了关于个体的接纳和预演的理念,不论是在脑海中进行的还是大声说出来的。确定和改变理念以及由此产生的话语已经深刻地改变了许多人的生活。

突破偏见,冲破抗拒

正如我们在本书中多次提到的,昂贵的说辞与偏见密切相关。你也许对"偏见"还抱有偏见;它已经是一个内涵丰富的词了。但我们都有偏见,它们不一定是坏的,事实上,它们对人类大脑的运作至关重要。我读过的关于认知偏见的最好的书是丹尼尔·卡内曼（Daniel Kahneman）的《思考，快与慢》（Thinking, Fast and Slow）。他与阿莫斯·特维斯基（Amos Tversky）合作进行的开创性研究，开启了一个了解大脑如何工作的新时代。

卡内曼和其他学者向我们展示的是神经科学；但摆在我们眼前的不单单只有科学。史蒂文·普莱斯菲尔德（Steven Pressfield）在他关于创作过程的经典著作《艺术的战争》（The War of Art）中描述了抗拒的概念。赛斯·高汀在《做不可替代的人：天赋、激情与创新》（Linchpin）一书中也对这一主题进行了精彩的探讨。抗拒不仅是懒惰或日常的挑战，它被拟人化为一个积极进取的敌人，其目的是要阻止个体完成他们的创造性工作。这是我们的"蜥蜴脑"，它让我们远离风险和成就，而安于保持微小、安全和沉默。

昂贵的说辞是"抗拒"的炮弹，在团队和组织中会更为明显。在我看来，昂贵的说辞的源头可能比单纯的低效和浪费更加险恶，其影响可能更具破坏性。我希望这本书能和普莱斯菲尔德、高汀以及其他作家的作品一样，成为抵御抗拒的有效武器。

如果你有兴趣深入阅读，我强烈推荐本节中提到的每一本书。感谢您阅读这本书，我真诚地希望它能为您和您的团队带来丰厚的回报。

致 谢

有时候，我所得到的认可好像比我认识的任何人都多。然而，就我付出的努力而言，一点一滴的肯定对我非常重要。我在这段旅程中得到了无数人的帮助，但我仍想单独列出几位极其重要的朋友：迈克·曼尼恩（Mike Manion），马克·约瑟夫（Mark Joseph），帕特·伊尼斯（Pat Ennis）和布拉德·菲利普斯（Brad Phillips）。你们一直认为我比我自己感觉的还要优秀，并且你们坚信写一本关于昂贵的说辞的书很有必要。

如果这本书还算有用，很大一部分功劳要归于我杰出的编辑凯瑟琳·奥利弗（Catherine Oliver）。

我出色的妻子是我最大的鼓励者。她充沛的精力激励着我，她对我充满了信心。没有她，我永远不可能完成本书。没错，这是一句昂贵的说辞，但却是一句绝对正确的昂贵的说辞。谢谢琳达！

©民主与建设出版社，2023

图书在版编目（CIP）数据

决策陷阱 /（美）杰克·夸尔斯著；潘文君译 . -- 北京：民主与建设出版社，2023.4
书名原文：Expensive Sentences
ISBN 978-7-5139-4131-0

Ⅰ.①决… Ⅱ.①杰…②潘… Ⅲ.①决策学 Ⅳ.①C934

中国国家版本馆 CIP 数据核字（2023）第 069699 号

著作权合同登记号　图字：01-2023-1371

EXPENSIVE SENTENCES. Debunking the Common Myths that Derail Decisions and Sabotage Success © 2016 Jack Quarles
Published by special arrangement with Ideapress Publishing in conjunction with their duly appointed agent 2 Seas Literary Agency and co-agent CA-LINK International LLC

决策陷阱
JUECE XIANJING

著　者	［美］杰克·夸尔斯
译　者	潘文君
责任编辑	程　旭
封面设计	吉冈雄太郎
出版发行	民主与建设出版社有限责任公司
电　话	（010）59417747　59419778
社　址	北京市海淀区西三环中路 10 号望海楼 E 座 7 层
邮　编	100142
印　刷	唐山富达印务有限公司
版　次	2023 年 4 月第 1 版
印　次	2023 年 4 月第 1 次印刷
开　本	880 毫米 ×1230 毫米　1/32
印　张	9.5
字　数	150 千字
书　号	ISBN 978-7-5139-4131-0
定　价	56.00 元

注：如有印、装质量问题，请与出版社联系。